国外农业丛书

主编 晋保平 张宇燕

国外的农业合作社

吕青芹 张 林 韩 星 编著

中国社会出版社

图书在版编目(CIP)数据

国外的农业合作社/吕青芹,张林,韩星编著.
—北京:中国社会出版社,2006.9
(国外农业/晋保平,张宇燕主编)

ISBN 978-7-5087-1481-3

Ⅰ.国… Ⅱ.①吕… ②张… ③韩… Ⅲ.农业合作组织-简介-国外
Ⅳ.F306.4

中国版本图书馆 CIP 数据核字(2006)第 109376 号

丛 书 名:国外农业
主　　编:晋保平　张宇燕
书　　名:国外的农业合作社
编 著 者:吕青芹　张　林　韩　星
责任编辑:崔　云

出版发行:中国社会出版社　　邮政编码:100032
通联方法:北京市西城区二龙路甲 33 号新龙大厦
电　话:(010)66080300　(010)66083600
(010)66085300　(010)66063678
邮购部:(010)66060275　电　传:(010)66051713
网　　址:www.shcbs.com.cn
经　　销:各地新华书店

印刷装订: 北京华创印务有限公司
开　　本: 140mm×203mm　1/32
印　　张: 5.875
字　　数: 142 千字
版　　次: 2006 年 9 月第 1 版
印　　次: 2014 年 7 月第 4 次印刷
定　　价: 9.00 元

建设社会主义新农村书屋

总顾问：回良玉

编辑指导委员会

主　任：李学举

副主任：翟卫华　柳斌杰　胡占凡　窦玉沛

委　员：詹成付　吴尚之　涂更新　王英利

李宗达　米有录　王爱平

农民看世界图书编辑委员会

主　任：晋保平

副主任：王英利　张宇燕　赵　睿　赵一红

国外农业丛书

主　编：晋保平　张宇燕

副主编：赵　睿　应寅锋

总序　造就新农民 建设新农村

李学举

党的十六届五中全会作出了建设社会主义新农村的战略部署。在社会主义新农村建设过程中，大力发展农村文化事业，努力培养有文化、懂技术、会经营的新型农民，既是新农村建设取得进展的重要标志，也是把社会主义新农村建设不断推向前进的基本保证。

为落实中央的战略部署，中央文明办、民政部、新闻出版总署、国家广电总局决定，将已开展三期的“万家社区图书室援建和万家社区读书活动”由城市全面拓展到农村，“十一五”期间计划在全国三分之一以上的村委会开展农村图书室援建和读书活动，使两亿多农民由此受益，让这项造福城市居民的民心工程同时也造福亿万农民群众。中央领导同志对此十分重视，中共中央政治局委员、国务院副总理回良玉同志作出重要批示：“发展农村文化事业是新农村建设的重要内容，也是农村发展中一个亟待加强的薄弱环节。在农村开展图书室援建和读书活动，为亿万农民群众送去读得懂、用得上的各种有益书刊，对造就有文化、懂技术、会经营的新型农民，满足农民全面发展的需求，将发挥重要作用。对这项事关农民切身利益、事关社会主义新农村建设的重要活动，要精心组织，务求实效。”

中共中央政治局委员、中央书记处书记、中宣部部长刘云山同志也作出重要批示。他指出：“万家社区图书室援建和万家社区读书活动，是一项得人心、暖人心、聚人心的活动，对丰富城市居民的文化生活、推动学习型社区建设发挥了重要作用。这项活动由城市拓展到农村，必将对丰富和满足广大农民群众的精神文化生活，推动社会主义新农村建设发挥积极作用。要精心组织，务求实效，把这件事关群众利益的好事做好。”

为了使活动真正取得实效，让亿万农民群众足不出村就能读到他们“读得懂、用得上”的图书，活动的主办单位精心组织数百名专家学者和政府相关负责人，编辑了“建设社会主义新农村书屋”。“书屋”共分农村政策法律、农村公共管理与社会建设、农村经济发展与经营管理、农村实用科技与技能培训、精神文明与科学生活、中华传统文化道德与民俗民风、文学精品与人物传记、农村卫生与医疗保健、农村教育与文化体育、农民看世界等10大类、1000个品种。这些图书几乎涵盖了新农村建设的方方面面。“书屋”用农民的语言、农民的话，深入浅出，使具有初中文化水平的人就能读得懂；“书屋”贴近农村、贴近农民、贴近农村生活的实际，贴近农民的文化需求，使农民读后能够用得上。

希望农村图书室援建和农村读书活动深入持久地开展下去，使活动成为一项深受欢迎的富民活动，造福亿万农民。希望“书屋”能为农民群众提供一个了解外界信息的窗口，成为农民学文化、学科技的课堂，为提高农民素质，扩大农民的视野，陶冶农民的情操发挥积极作用。同时，也希望更多有识之士参与这项活动，推动农村文化建设，关心支持社会主义新农村建设。

前　言

自从世界上第一个合作社——1844 年的罗虚代尔公平先锋社在英国诞生开始，世界合作社事业已经走过了一个半世纪多的春秋，各种类型的合作社也已遍布于全球 160 多个国家和地区。作为一种经济组织形式，合作社以为社员服务为宗旨，坚持自愿、开放、民主、非营利、社员参与分配等原则，在经济和社会活动中表现出了很强的生命力，迸发着勃勃生机。

在农业领域也涌现出了大量农业合作经济组织。这些农业合作社无论是在发达国家还是在发展中国家，都已经成为经济社会发展中一支不可替代的重要推动力量。它在加快农业发展、实现农业产业化经营、提高农民收入、为农民服务、解决贫困和促进社会和谐等方面都有着巨大贡献。在农业合作经济发达的国家，合作社经济已经成为农业经济的重要组成部分，合作社也融入了农业的各个方面。农业的发展依赖于合作社的成功，农民也越来越离不开合作社提供的服务。

本书就国外的农业合作社情况进行了介绍，选取了具有代表意义的农业合作社进行分类介绍，将世界最发达国家——美国的农场主合作社、我国的近邻——日本和韩国的综合性农业合作社、合作社的起源地——欧洲的农业合作社和发展中国家——泰国和印度等国的农业合作社进行分类描述，介绍了这些国家的农业合作社的起源、现状、组织形式、作用等，并对这些国家的一些历史悠久和知名度高的著名农业合作社进行了案例介绍。希望广大读者朋友通过阅读本书，能对国外农业合作经济的发展历史、运行概况及其在农业活动中起到的作用有一定的了解和认识。

本书是集体智慧的结晶，由中国农业大学经济管理学院三位硕士生执笔共同完成。其中第一章的第二节、第三章、第五章的第一节和第三节由吕青芹撰写；第一章的第三节、第二章、第五章的第二节由张林撰写；第一章的第一节、第四章由韩星撰写。在本书的编写过程中，得到了中国农业大学教授、博士生导师、农村金融与投资研究中心主任何广文的鼓励与直接指导，同时也得到了中国社会科学院研究生院党委书记晋保平教授、社科院张宇燕研究员等领导与专家的悉心指导和大力支持。此外，中国社会科学院应寅锋博士、河南财经学院李莉莉博士、中国农业大学赵岩青博士、北京物资学院杨菁博士的关怀与指导也更使我们备受鼓舞，在此对他们表示感谢！

当然，由于时间和能力的限制，本书肯定存在一些错误和缺陷，希望广大读者朋友不吝赐教。

吕青芹　张 林　韩 星

二〇〇六年七月二十二日于中国农业大学

目　录

第一章　国外农业合作社概述

第一节　合作社的基本内容和形式

一、合作社的含义

合作经济组织，又称合作社，是人们在合作时经常采用的一种组织形式。它指的是自愿联合在一起的人们，通过共同拥有和民主控制的企业，满足共同的经济和社会需要的自治组织。国际合作社联盟章程中规定："只要以促进其社员的经济与社会进步为目标，以互助合作为基础所经营的企业，并遵循罗虚代尔所确定的、被国际合作社联盟代表大会所修订的合作社原则，均可被认为是合作社。"

合作社作为合作的组织形式，是一种非政府性的社会经济组织，它是在资本主义生产方式产生以后，大量小生产者和贫穷的工人为了对抗资本家的剥削和压迫，增强自己在市场上的竞争地位而创造的一种经营组织形式。合作社作为一种群众性的经济组织，有着明确的章程和原则，且必须严格遵照这些原则和章程组建和运行。合作社应当尊重其社员的权利，由社员共同进行民主管理，一个社员不能侵犯其他社员的合法利益。同时，合作社还要担负一定的社会责任，例如进行青年教育、维护社会公德等。

农业合作社是一种重要的合作形式。它指的是农民，特别是家庭经营为主的农业小生产者，为了维护和改善自身的生产和生活条件，在自愿互助、平等互利的基础之上，联合从事特定经济活动所形成的合作组织。农业合作社是分散的农户在保持自己独立的财产和经营决策权的前提下，通过集体销售农产品或者集体购买生产资料等环节上的联合，实现规模经营。

二、国际合作社联盟简介

国际合作社联盟，简称ICA，于1985年在英国伦敦成立，总部设在瑞士的日内瓦，是一个独立的非政府联合自治组织。1964年，国际合作社联盟成为获得联合国咨询地位的第一个非政府性机构，现在它是在联合国经社理事会享有第一咨询地位的41个机构之一。

国际合作社联盟的宗旨是一团结、代表并服务于全世界的合作组织，在世界范围内支持和促进合作组织之间的联络、合作，推动人类社会和经济进步，维护世界和平与安全。目前，国际合作社联盟拥有125个国家的235个成员组织，其社员总数已经达到了7.5亿。联盟的成员组织是各个领域的全国性合作组织，涉及农业、消费、银行、信贷、保险、工业、能源、运输、渔业、住房、旅游等行业。

国际合作社联盟下设14个专业机构和5个地区办事处。下设的专业机构有农业委员会、工业手工业服务业合作社委员会、消费委员会、渔业委员会、住房委员会、通讯委员会、妇女委员会、计划研究发展委员会、国际合作社银行协会、国际合作社培训教育委员会、国际合作社能源组织、国际合作社相互保险联盟、消费合作社批发贸易国际组织、国际合作社旅游组织，这些机构分别负责不同领域合作社的问题；此外，5个地区办事处分别为加勒比海、南美、西非、东中南非、亚洲和太平洋办事处。

三、国际合作社联盟下通行的合作社原则

1937 年，国际合作社联盟将罗虚代尔公平先锋社的原则归结为 7 条，作为指导各国合作经济的基本原则，但在 1966 年将其进行了修改变更，这些原则分别是：

原则一：自愿、开放的会员资格

合作社是自愿组成的组织，它对所有能利用它的服务并愿意承担会员义务的人都是开放的，没有人为的会员资格限制或任何社会、政治、种族和宗教的歧视。

原则二：成员民主管理

合作社是由社员民主管理的组织，它的事务是积极参与政策制订和决策的成员管理。被选出的男女代表应对成员负责。在基层合作社中，社员拥有平等的投票权(即每成员一票)，其他级别的合作社也按民主的方式进行管理。

原则三：成员经济参与

成员均摊合作社资本，并对其进行民主管理。部分资产常常表现为合作社的共有资产。成员在贡献使其取得成员资格的资本后，可取得有限的补偿。成员按照所有或几个项目分配盈余，并通过建立储备金发展他们的合作社；另外，合作社根据成员的交易额按比例奖励成员。

原则四：独立性与自主性

合作社是由它们的成员所控制的自主、自助的组织。在合作社与其他组织签订协议，或从外部获取资金时，必须要保证其成员的民主管理及合作社的自主性。

原则五：教育、培训与信息

合作社为社员、获选代表、管理者和雇员提供教育和培训，以便有效地促进合作社的发展。同时，合作社会把合作的本质与

益处告知公众，特别是社会团体的领导人和青年。

原则六：合作社间的合作

合作社通过地方、国家、地区和国际上的合作，才能最有效地服务于其成员并发展合作社运动。

原则七：关注社会

合作社通过采用其成员核准的政策，促进社会的可持续发展。

四、合作社的合作形式

(一) 传统合作制

过去，合作社一般是采取合作制的形式。但随着市场经济的发展，合作制渐渐显现出了其面对市场的不利之处。这主要体现在：第一，合作社的股金由社员入社资金组成，由于社员退社自由，因此合作社的资产总量无法保证；第二，合作社的股金受到社员数量的限制，无法满足合作社发展的需要；第三，合作社不能通过增资扩股的形式壮大自己的实力。因此，各国的合作社越来越多地开始采用股份合作制这一新的合作形式。

1. 股份合作制的含义

股份合作制以合作制为基础，吸收了股份制的一些做法。股份合作制在实行劳动合作、资本合作及劳动资本合作方式的基础上，形成了以合作经营、占有股份、权利平等、利益共享、风险共担为特征的新型企业组织形式。

2. 股份合作制的特点

股份合作制的特点具体如下：

第一，资本合作与劳动合作实现有机统一。股份合作制企业与股份公司一样，资本金由股东出资联营，但它的股东仅仅限于股份合作社的社员。在这里，资本合作是指劳动者资金的联合，而劳动合作是指出资入股的社员之间进行的劳动联合，劳动者运用自己所占有的生产资料和投入自身的劳动力资本共同从事生产活动。劳动者控制合作社的资本，是企业的主人。

第二，决策权上劳动与股份相结合。股份合作制企业大多实行一人一票制原则，企业里的劳动者是平等的法律主体，大家一起参加管理和监督，决定企业事务。在通常的情况下，职工都是股东，股东也都是职工。考虑到投资者投入的差别，有些企业在重大决策的时候会采用按股计票的方式。

第三，盈利性和互助性相结合。成立股份合作制的目的是营利，每一个投资者都希望自己的投资能够获得预期中的收益，股份合作社也有义务尽最大的努力提高赢利水平，但营利并不是股份合作社唯一的目标。合作社成员之间的互助是股份合作社成立的直接动因，股份合作社在追求营利的同时，必须提高成员的受教育程度和业务素质，此外还需要支持社会公益事业。

第四，按劳分配与按资分配相结合。在股份合作制企业中，劳动者取得收入主要依靠两种途径：工资收入和股金收入。工资收入主要考虑的是劳动者本人在企业中的劳动量和对企业的贡献，按劳动来分配报酬；股金收入的分配原则，指的是企业的盈余分配由资本投入决定，股东分多分少不是取决于他的劳动投

合作制与股份合作制的比较

	合作制	股份合作制
性质	劳动联合	劳动联合为主，资金联合为辅
组织目标	通过社员互助来改善社员情况	营利与互助相结合
出资者范围	只限社员	社员为主
出资额规定	等额	有限度的不等额
股权的流动性	随着社员退社可以退股	不可以退股
权利原则	一人一票	一人一票与一股一票相结合
分配制度	按劳分红	按劳分配与按股分红相结合

资料来源：《论股份合作制企业的性质》，邢敏，经济体制改革，1999.4

人，而是取决于他的股份。

由于股份合作制改善了合作制的缺点、吸取了股份制的优点，因此在世界范围内发展很快，广泛地被合作社所接受。

第二节 国外农业合作社的发展历程

合作社最早起源于欧洲，世界上第一个被公认的合作社是英国的罗虚代尔公平先锋社。从那时起，世界各国的合作社开始了蓬勃发展。在农业领域内，各个国家出现了大量的农业合作社。合作社的发展已经走过了150多年的历史，如今合作社遍布世界160多个国家和地区。日本、美国、法国、德国都有大量的农业生产者加入了以供销为主的各类农业合作社，同时大量农产品通过合作社进行销售。在许多国家，农业合作社已经广泛地融入到农民的生产生活中，为农民提供各种服务，并为农民谋取福利。

一、世界上第一个成功的合作社

世界上第一个合作社是英国的罗虚代尔公平先锋社，诞生于1844年。当时正值英国工业革命时期，不少农民失去土地后到城市打工，生活十分艰难，而当时的零售商出售各种用品时，价格高昂，人们饱受剥削。为了应对零售商的剥削，以霍华士为首的13个工人在曼彻斯特附近的罗虚代尔镇组建了罗虚代尔公平先锋社。他们组建合作社的目的，在于改革生活日用品的供应、减轻和限制中间商的高价盘剥，从而维护社员的物质利益和社会地位。合作社成立时，社员每人出一英镑股金，统一为大家采购面包等生活必需品。

罗虚代尔公平先锋社的章程规定了一套切实可行、公平合理的办社原则，即：(1)入社自由原则。任何人只要承认合作社章程、履行社员的义务，就能加入合作社，同时社员也有退社的自由。(2)民主管理原则。合作社的管理形式是成员共同决策，而不是个人专断。社员大会是合作社的最高权力机关，一切重大事项须经社员大会讨论表决后决定，管理人员由社员大会选举产生，对全体社员负责。基层合作社的社员无论股份多少都只有一票权利，每人有同等表决权。(3)收益分享原则。合作社的收益由全体社员共同分享，按交易额进行分配，社员的股金也可以获得利息，同时合作社还提留公积金和公益金，用于合作社的发展和保证社员福利。(4)重视教育原则。(5)恪守中立原则。罗虚代尔公平先锋社的这些办社原则后来被各国的合作社所采纳，形成了国际公认的合作社原则。

罗虚代尔公平先锋社使社员得到了好处，同时又有一套切实可行、公平合理的办社原则，因而得到了全体社员的拥护和支持。罗虚代尔合作社迅速发展，成为当时最成功、最有影响力的合作社，成为后人推崇的合作社典范。

二、农业合作社在国外的发展

罗虚代尔合作社获得成功后，合作社运动逐渐在世界各地开展起来。首先是欧洲的英国、法国、德国建立了各具特色的合作社，后来，合作社在瑞典、瑞士、芬兰、丹麦等国也都获得了快速发展。到了 19 世纪末 20 世纪初，合作社运动又扩散到了欧洲以外的其他地区，如北美、拉美、亚洲和非洲等。伴随着整体合作社的发展壮大，世界各国的农业合作社也在兴起和发展。

德国的农业合作社产生比较早，发展得很成功。德国在 19 世纪工业革命时期时，农村的所有制改革对农民非常不利，农民需要向地主交纳地租，还要遭受高利贷和中间商的剥削，生活非常困难。1846 年，德国遇到饥荒，农民生活更加困难。为了抵制高利贷和中间商的残酷剥削，莱佛埃森于 1864 年建立了德国的第一个信贷农业合作社，向农民和小手工业者发放正常利息的贷款，帮助他们摆脱贫困。此后，德国农业合作社得到了快速发展，发展出许多种合作社，如信贷合作社、购销合作社、消费合作社、手工业合作社、水果合作社、养蜂合作社、电力合作社、牲畜饲养合作社等。目前，德国合作社已经在饲料购买、种子购买、农产品销售等方面起到很重要的作用。

法国是最先建立起农业合作社的国家之一。19 世纪中期，法国农民虽然摆脱了封建领主的剥削和奴役，但是农民从事生产时，购买生产资料的价格较高，又遭受着中间商的剥削，于是农民联合购买和使用生产资料的愿望越来越强。例如法国商人当时出售的化肥价格很高，农民不愿意承受这么高的价格，于是成立了共同购买化肥的农民合作社。另外，农户分散养殖奶牛，产出的牛奶比较分散，于是农民发起成立了奶业合作社，以便把牛奶收集到一起进行加工，再进行出售，为广大奶农解决了加工和销售的问题。到了今天，法国农业合作社已经发展成为一个庞大的经济实体，在农业生产中占有相当大的比重。

19 世纪中后期，欧洲人向北美、拉丁美洲和大洋洲大量移民，他们把合作社的思想也带到了这些国家。这一时期，美国、墨西哥、阿根廷、智利、加拿大、澳大利亚等国也先后出现了合作社。在这些国家中，美国的农业合作社发展得最有特色。19 世纪早期，在美国的康涅狄格州、威斯康星州等地区，农民开始在合作的基础上进行奶制品加工，农业合作社初步得到发展。1890 年 ~1920 年的 30 年间，美国的合作社事业蓬勃发展。到 1920 年底，美国大约有 14000 个农业合作社。合作社从事所有农作物的市场销售，同时对生产者提供生产资料和服务。后来，农业合作社还通过农业信贷系统发展了金融组织，通过电力系统组建了农业电力合作融资组织。到今天，美国的农村已出现了许多种合作社，如销售合作社、供应合作社、农业服务合作社、农村电力合作社、保险合作社等，这些合作社为美国农民提供涉及到生产、生活等几乎各方面的服务。

日本受欧洲各国的影响，合作运动也开始较早。明治维新以后，为了发展生丝与茶叶的出口贸易，这些产地成立了销售组合。1900 年，日本政府出台了《产业组合法》，推动了全国范围内产业组合的发展。现代意义上的日本农协成立于 1947 年，也是目前在日本广泛存在的农民合作组织。1945 年，日本的封建土地制度进行了变革，原来由大地主拥有的大片土地无偿地分给广大农民，每家每户开始了独立的家庭经营。为了帮助农民更好地进行经营，政府颁布了《农业协同组合法》，大规模地推动农协的成立和发展。多年以来，日本农协为农民的生产生活提供了全方位的服务，得到了农民的认同，拥有很多成功的经验。目前，日本农协已经在全国范围内形成一个巨大的网络，覆盖了农村各个角落，几乎所有的农户都参加了农协。

总体来讲，亚洲和非洲的合作社是在 20 世纪初出现的。这些合作社很多是由殖民主义者建立的，其目的是为了榨取殖民地人民的更多血汗。如当时英国、荷兰等殖民主义者在印度、印尼等地区组建了信用合作社，目的是为了与当地高利贷夺取利润，榨取殖民地地区人民的血汗。1945 年前，只有少数国家发展了合作经济，如印度、巴西、墨西哥等国家。到 20 世纪三四十年代，这些国家合作社已初具规模，而且都制定了合作社法令。1940 年，巴西已建立了农牧业合作社、消费合作社、信用合作社 1500 个，墨西哥建立了农业合作社的两个体系，而印度各类合作社已高达 18 万个(1950 年)，拥有社员 1370 万人。20 世纪的 50 年代及 60 年代以后，合作经济在亚、非、拉国家普遍兴起，大部分国家在政府支持下自上而下地推动合作运动的发展，不过大部分都是在照搬其他国家的模式。经过一段时间的曲折发展后，亚非拉发展中国家吸取了世界上正反两方面的经验教训，不再盲目地搞大规模的合作化、集体化运动。

目前，亚、非、拉地区有 50 多个国家普遍建立了合作社，并加入了国际合作联盟。印度有 30 万个合作社，墨西哥有农牧林业合作社 2800 个，各种合作企业 8000 个，员工 2100 多万人。在肯尼亚和阿根廷，20%的人口是合作社社员，科威特的合作社掌握着 80%的贸易零售业务。贝宁的一家信用社联盟在 2002 年提供的农村信贷高达 1600 万美元，而科特迪瓦合作社在 2002 年投资 2600 万美元，用来兴办学校、建立母婴医院、修建农村道路。但发展中国家的合作社普遍面临着资金、人才等困难，有些国家还存在着政府支持问题，摆脱农村贫困和饥饿的任务依然很重，因此农业合作社在这些地区仍然有很大的发展空间。

自从国际上产生农业合作社以来，已走过了 150 多年的历程。目前，农业合作社已成为世界各国，特别是发达国家农村经济的重要组成部分。农业合作社在世界各国的农业中发挥着越来越重要的作用。农业合作社办得好的国家，合作社在提高农民组织化程度、提高农民收入、为农民开展服务方面起到了很重要的作用，农民越来越离不开合作社。此外，农业合作社也在各国实现农业现代化和产业化经营的道路上起到了重要推动作用。

第三节 国外农业合作社的种类

一、农业合作社

国外的农业合作社主要有农场主合作社、专业性合作社和社区性合作社三大类。

（一）以美国、加拿大、巴西为代表的农场主合作社

这是国外早期农民合作社的主要形式。在农业商品化过程中，农民为了抵制中间商剥削、加强自我保护、提高市场谈判地位，由小规模家庭农场主自发建立了以从事农产品购销联合为主要内容的合作社。合作社由拥有生产资料所有权和独立经营权的农场主，在不改变家庭经营的基础上，自愿入股组成。合作社的财产属集体所有，盈余按社员交易额返还入社社员，投资入股也给予一定的报酬。作为农场主，没有改变财产所有关系，保持了完全独立的生产经营决策权；作为合作社的成员，通过合同形式连接到农业产业一体化组织体系中。合作社提供农业生产资料和农产品生产、加工、销售等产前、产中和产后各环节的系列化服务，既可满足分散农户的需要，也可以在经济上做到有利可图。

伴随着社会经济条件变化，尤其是受经济全球化的影响，加之农业成本的上升、效益的下降，一些农场主被迫放弃土地，农场数量随之减少。自 20 世纪 60 年代以来，农业发达国家的合作组织突破了一些经典性的约束，呈现以下发展趋势：一是突破合作社组织形式的限制，引入现代企业因素，发展股份合作制；二是拓展功能，发展加工制造业，提高农产品的附加值；三是通过组织间的合作与收购，逐步向联合型、开放型、多功能型的企业型组织方向发展；四是合作社的数量减少，但单个合作社的力量壮大，合作社社员人数增多。

（二）以德国、法国为代表的专业性合作社

这类合作社的专业性比较强，是以某一农产品或某种功能为主业，通过成立行业协会或专业性合作社而加以组建的，如奶牛合作社、小麦合作社、玉米合作社、农机合作社等。专业性合作社一般只围绕一两种农产品展开合作业务，具有严密的组织体

系，并且有政府制定的法律法规保证其健康的发展。在欧洲，从小麦、玉米、大豆、牛肉到胡萝卜、马铃薯等，几乎每个农产品都有一个行业协会。专业性合作社不受社区限制，基本上都是跨区经营的，有些专业性合作社形成了覆盖全州、直至全国的网络。一些大的合作社本身就是经济实体，有的实力特别强，已发展成为规模巨大的跨国集团。

但是，农业的效益毕竟不高，专业性合作、单一性经营致使农产品的商品率较低，只有综合经营才能维持盈余和可持续发展。为了形成规模优势、保证合作社利益，合作社之间呈现联合或兼并的趋势，专业性合作社逐渐演变为综合性合作社，基本包含了与当地农业生产有关的所有经营业务，以多功能的经营方式为农民提供有效服务，满足了农民从事商品生产的种种需求。有的专业性合作社经过制度创新，通过大力发展农产品的深加工和精加工，大幅度增加农产品的附加值，以增加合作社收入。例如在北美地区的“新一代合作社”实行交易份额制或限制会员制，只接收事先商定好的特定数量和种类的农产品，无论是运行机制，还是制度特征，更接近于普通股份制企业。

（三）以日本、以色列为代表的社区性合作社

社区性合作社是指在一定的区域内，由当地农户自愿联合建立的多功能、综合性服务组织，广泛存在于发展中国家，比较成功的有日本的农业协同组合和以色列的莫沙夫。日本农业协同组合的最大特点是与政府关系密切，是在政府的控制和农业政策干预下活动的，它为政府经办各种重要的农业业务，实施结构调整等各种农业政策，是上联国家、下联农民的合作组织，具有组织的严密性、参加者的广泛性、服务功能的全面性等特点。日本农业协同组合分为中央、县、村三级组织，从事信用、贩卖、购买和共济 4 种基本事业，涉及农业种植技术、食品加工技术、病虫

害防治、住宅改建、医疗保健等生产与生活服务。可以说，日本农业协同组合不仅是农民经济利益的代表，也是政治利益的代表，是行政辅助机构和政治团体。

由于生产的专业化和农民的分化导致了农民生产经营的差异性，社区事业的公益性和对外营利性出现了矛盾，产权的不明晰影响了社员劳动经营的积极性。同时，由于社员的多元化引起需求的多元化，一部分大户认为贡献多，收益少，开始倾向于离开合作社。为适应经济社会环境的变化，许多社区合作社不断进行组织创新，开始合并、重组、改良，并且引入企业化经营机制，出现了社区合作社向专业合作社过渡的发展趋势。

二、服务类合作社

除了这些专门针对农业服务的合作社以外，国外还有许多为农民的日常生活提供服务的合作社，主要有信用合作社和服务合作社，以下进行简单的介绍。

（一）信用合作社

19 世纪 50 年代，各种不同团体的人们开始组织合作银行，其中最突出的是在德国。不久，合作社银行由德国迅速传到意大利和法国，到 1900 年传到了非洲、欧洲和美洲。随着形势的发展，19 世纪的消费合作社和一些农业合作社建立起了自己的银行机构，以满足合作社自身及其社员的需求。到 19 世纪末期，合作社银行按照不同的方式纷纷建立起来，并不断发展壮大。现在，合作金融已经遍布全世界各地，例如德意志合作银行、荷兰拉博银行(农业合作银行)、法国农业信贷银行、日本的农林中央金库、美国农业信贷银行和国家合作银行，等等。

信用合作社的参加者，只要愿意承担社员义务、按规定交纳股金，都可以享受信用社的融资及其有关的优惠政策。信用合作充分体现了自愿、自助、平等、互利、民主、公平、团结等合作经济思想，其信用社的根本宗旨与经营目标是一致的：不以追求利润为目标，而以为社员提供服务和帮助为目标，主要是为农民服务，为促进农村经济发展服务。

（二）服务合作社

19世纪末期，最早在欧洲的许多地方出现了包括为社员提供生活中各种各样服务的合作社，如住房合作社、医疗合作社、保险合作社、托儿合作社、电力电话合作社等。例如在美国大约有100万套合作住房，其中有老年人社团、活动房屋集中地、低收益联合企业和大学校园附近的学生公寓等。在农村地区，许多农民通过加入住房合作社，自己动手或者集资雇佣开发商而获得了住房。医疗合作社主要是社员通过入股，运用集体的力量，修建医院、聘请医生，得到医疗保障。托儿合作社主要是为了满足双职工家庭的需要，即父母工作时其年幼的孩子可以得到看护，由于价格比较合理，美国约有5万多个家庭在利用合作日托中心。

可以说，合作社在人们的生活中是无处不在的。在日本，婴儿的出生是在合作社的医院里；在哥伦比亚，孩子们在某个农业合作社举办的专门学校里学习电脑；在瑞典，许多家庭住在住房合作社建造的房屋里；在苏格兰，居民在合作社的商店里购买生活用品，合作社商店是欧洲最著名的连锁店之一；在印度新德里，消费者购买的牛奶是由农村妇女组织的牛奶合作社提供的；在英国，消费者可以向合作社保险公司购买保单；在斯里兰卡，当每年一度的信托和储蓄合作社代表开会时，出席的代表高达数万人。这样的例子举不胜举，因为合作社的组成都是社员们为了共同的利益而走到一起的，所以合作社有着非同寻常的凝聚力。可以相信，在新的世纪里，将会有越来越多的合作社出现在我们的身边。

第二章　美国的农业合作社

第一节 美国农业概况

一、美国简介

美国的全称为美利坚合众国，位于北美洲中部，领土还包括北美洲西北部的阿拉斯加和太平洋中部的夏威夷群岛。北与加拿大接壤，南靠墨西哥和墨西哥湾，西临太平洋，东濒大西洋。美国国土面积 937 万平方公里，仅次于俄罗斯、加拿大和中国，居世界第四位。本土东西长 4500 公里，南北宽 2700 公里，海岸线长 22680 公里。由于美国幅员辽阔，地形复杂，其大部分地区属于大陆性气候，南部属亚热带气候。在经济方面，美国的生产规模巨大，经济结构完整，国民生产总值长期居世界第一位。美国工业的主要部门是动力、钢铁、冶金、机械、原子、化学、纺织、军火、建筑等。美国的农业已实现了专业化、机械化和商品化，小麦、玉米、大豆、棉花、肉类、乳制品、烟草、马铃薯等的产量均在世界占上有重要地位。美国还有庞大的铁路、公路、航空、内河、管道交通运输网络，除商船外，铁路、公路、航空、管道等运输业均位居世界首位。

二、美国的农业

美国自然资源丰富，发展农业有着得天独厚的条件。其土质肥沃，海拔500米以下的平原占国土面积的55%，有利于农业的机械化耕作和规模经营。美国拥有的耕地面积约占国土总面积的20%，为18817万公顷，人均接近0.8公顷；永久性草地2.4亿公顷，森林和林地2.65亿公顷；丰富的淡水资源以及与加拿大交界的五大湖驰名于世，其总面积有24.5平方公里。美国农业也有些不利的条件，如山脉多是南北走向，北方的寒流可以长驱直入，影响南部地区作物的生长。

美国不仅是世界上最大的工业化国家，而且也是世界上最大的农业发达国家。美国非常重视农业在国民经济中的基础地位作用，在美国农业部的网站上就写着“农业是制造业和商业的基础”。虽然农业在美国经济中的比重逐渐下降，但政府对农业采取了支持和保护的政策，使农业成为美国在世界上最具竞争力的产业之一。

美国农业以商业化的家庭农场为基础。家庭农场的农业现代化程度很高，规模一般都很大，多数为数百英亩，有些占地达数千英亩。美国农场可分为家庭农场、合伙经营农场、公司农场等，但是最主要的是由个人和家庭经营，在2002年美国的家庭农场占到了所有农场数量的89.7%。

美国的城市人口占全国人口的75%以上，因此农村显得地广人稀。美国的务农人口在1870年占52%，1910年为32%，1994年已经下降到2%。

美国农业是商业化的农业，受市场供求关系的影响很大。而且美国农业的专业化程度很高，已经形成了一些著名的生产带，如玉米带、小麦带、棉花带等。早在1914年，美国农业已经在

美国农场主一家

很大程度上实现了种植专业化，这种格局保持至今。这种区域分工使美国各个地区能充分地发挥各自的优势，有利于降低成本，提高生产率。另外，通畅的水陆运输网的建立更进一步促进了区域分工和专业化生产，而区域分工和专业化生产也有力地推动了附近地区相关产业的发展。美国的农业体系被称作“农工综合企业”，农业产销实现了“从田间到餐桌”的一体化。在这个体系里就业的人数占全国劳动力的17%，大大高于农业本身所能吸收的劳动力。如在食品的产销系统，就包括农业投入物的供应，农产品的收购和加工、批发、零售以及机关单位食堂等，形成了完整的体系。

美国的农业体系分为种植业、畜牧业、渔业、林业等。

种植业方面，主要有几个重要的种植带，分别是东北部和“新英格兰”的牧草和乳牛带、中北部玉米带、大平原小麦带、南部棉花带、太平洋沿岸综合农业区等。美国种植的谷类主要有小麦、黑麦、大米、高粱、玉米、燕麦、大麦等，虽然谷类种植面积逐渐下降，但是由于单产面积的提高，产量仍逐渐增加。美国的副业种植作物主要有棉花、烟草、甘蔗、亚麻、橄榄、胡椒薄荷、荷兰薄荷、大豆、向日葵、蜂蜜、蜂蜡、花生等。蔬菜主要有朝鲜蓟、芦笋、利马豆、食荚菜豆、哈密瓜、胡萝卜、花椰菜、芹菜、黄瓜、大蒜、莴苣、洋葱、辣椒、土豆、菠菜、芋头、西红柿等，其中90%左右都用于深加工，只有很少的一部分用于直接食用。此外，美国的水果和坚果品种很多，主要有苹果、杏、鳄梨、香蕉、樱桃、蔓越橘、柑橘、番石榴、无花果、葡萄、油桃、菠萝、梨、木瓜、李子、榛实、可可豆、咖啡豆、胡桃、山核桃等。其中产量最大的几种水果依次为柑橘、梨和苹果。

畜牧业方面，品种主要有肉牛、猪、羊、奶牛、禽类、安哥拉山羊、水貂等。2004年，美国的肉牛饲养量为9489万头，肉猪饲养量为6050万头，绵羊的饲养量为614万头，鸡的饲养量为4.5亿只，当年美国家畜饲养业的市场价值为959亿美元。

渔业方面，由于美国有海岸线22680公里，因而有发展渔业的良好条件。按其捕获量的商业价值来看，美国渔业居于世界第五位。捕获的鱼的种类主要有鳕、大比目鱼、大西洋鲱、青鱼、鲑鱼、金枪鱼、牙鳕、银无须鳕、螃蟹、龙虾、牡蛎、扇贝等。2003年美国鱼类的总捕捞量为6.11亿磅，市场价值11.3亿美元。在林业方面，美国的森林面积约有2.7亿公顷，森林覆盖率接近30%，但是在林产品贸易中，美国是林产品的净进口国。

进出口方面，美国是农产品进出口大国，但是从1995年开始美国农产品净出口额呈逐渐下降趋势。2004年美国农产品出口额为623亿美元，占美国当年总出口额的9%；农产品进口额为527亿美元，占美国当年总进口额的4%，农产品净出口额为96亿美元。在2004年美国的农产品出口中，谷物和饲料的出口量名列前茅，为179亿美元；其次是油料籽及其加工油料的出口，为111亿美元；接下来是畜产品的出口，为106亿美元。美国农产品出口的主要对象为加拿大、日本、墨西哥、欧盟、中国。在2004年美国的农产品进口中，进口量最大的是畜产品，104亿美元；其次是饮料和果汁的进口，为70亿美元；接下来是蔬菜的进口，为68亿美元。2004年美国农产品进口的主要来源国依次为欧盟、加拿大、墨西哥、澳大利亚、巴西、中国。

美国农业的发展，离不开先进的科学技术。美国农业科研的重点突出地表现在发展农业生物技术上。生物技术方面的研究可以归结为四大工程：基因工程（遗传工程）、细胞工程、酶工程和发酵工程。农业生物技术的重点研究领域是：农作物的高产和抗病育种，提高畜禽的免疫能力，扩大生物能源的来源，利用发酵工程研制具有商业价值的微生物；通过常规农业、发酵工程和食品加工工业的结合，扩大人类食物的来源，提高食品的营养价值。除了生物技术之外，美国农业科技的其他研究重点还包括：有效管理和保持水土资源、扩大农作物和畜禽的种质资源、改进农、畜、水产品的加工和储藏技术、改善营养状况等。

美国农业的发展也离不开政府对农业的大力支持。首先，美国有许多关于农业的法律，农业立法不仅实现了对农业产业的保护，也确保了政府的行为只能限制在法律允许的范围内；其次，政府对农业发展进行了有力的资金支持，例如为农民提供了农产品抵押贷款和信贷担保，并对农民实行农产品补贴等。另外，美国还有比较完善的农业保险制度。

同时，非常重要的一点是，在美国广泛存在的农业合作社对农业的发展也起到了不可磨灭的作用。

第二节 美国合作社概况

一、美国合作社的历史

美国早在殖民地时期就已经有合作社的身影了。据说最早的合作社是由本杰明·富兰克林（美国建国的创始者、《独立宣言》的起草者）组织成立的费城房屋火险互助合作社，该合作社成立于1752年。这个合作社从成立起一直经营得相当出色，以至于到今天它仍在正常运作。而19世纪早期，在美国的一些地区，例如康涅狄格州的高森和威斯康星州的湖山，农民开始在合作的基础上进行奶制品加工。在19世纪成立的合作社先驱还有诸如“打谷蜜蜂”、“干酪圈”等。

从1890年到1920年的30年间，美国的合作社事业蓬勃发展。到1920年底，全美大约有14000个农业合作社。当时遍布美国的其他农民和农场组织运动浪潮也推动了合作社事业的发展，例如美国公平协会、全国农场主联盟和美国农场局协会等，从事所有农作物的市场销售，同时对生产者提供物资和服务。许多主要的农业合作社大多是在这个阶段产生的。

接下来的几十年里，农业合作社通过农业信贷系统发展了自己的金融组织，非农合作社建立了全国合作银行。在农村电力管理机构的帮助下，城镇和农场的农村居民通过合作社用上了电和电话。

今天，美国的农村和城市居民利用合作社可以获得各种消费服务，例如住房、贷款和其他金融服务(通过信贷联盟)、杂货店、教育和电信等；法人团体、政府机关、五金店、杂货店、花店和其他为数众多的企业都可以通过合作社销售产品，同时以合理的价格得到他们需要的物资。虽然合作社的主要组成部分仍是食品和农业产业，但是，现代合作社能够在经济生活的几乎所有方面帮助社员得到服务。

二、美国合作社的主要种类

提到合作社，人们经常把合作社与农业联系在一起，其实在美国，合作社已经渗透到人们生活的方方面面。根据美国全国合作社联盟的报告统计，美国有大约 48000 个合作社，每年涉及的商业活动达 1200 亿美元之巨，并直接服务于 1 亿人，占美国人口的 40%左右。美国的合作社主要有农业合作社、金融合作社、消费合作社和商业合作社。

（一）金融合作社

美国大约有 12600 个信贷合作社，总资产超过 2800 亿美元，社员人数近 6500 万。信贷合作社提供的服务主要有社员储蓄、消费贷款、房产抵押贷款、信用卡、自动提款机、扣税的退休金账户和存单业务等。创建于 1916 年的名为“农场信贷系统”合作社是全美最古老和最大的金融合作社。它向超过 50 万的农场主、小城镇居民和合作社借款人提供房地产贷款、经营贷款、房屋抵押贷款、农作物保险和各种其他金融服务。它每年提供给社员的贷款额超过 500 亿美元，其中 25%用于美国的农业。农场信贷系统由合作银行、美国合作银行和圣保罗合作银行组成。它们大约提供了农业合作社年度借款额的 80%，提供给农场主、农村公用事业合作社以及自来水和垃圾处理系统的贷款大约有 110 亿美元。由于拓展了为农场、农村增收提供贷款的服务范围，目前合作银行已经成为美国农产品出口所需资金的重要提供者。

（二）消费合作社

消费合作社主要包括住房合作社、医疗合作社和托儿合作社。美国大约有 100 万套合作住房，其中近 60 万套在纽约。其他的合作住房有老年人社团、活动房屋集中地、低收益联合企业和大学校园附近的学生公寓等。而且，成千上万的美国人通过医疗合作社组织的医疗保健机构接受基本的医疗保障。健康维护组织在全国的服务对象超过 100 万人，成为医疗保健系统中越来越重要的组成部分。托儿合作社是为了满足双职工家庭的需要成立的。托儿中心可由父母亲们自己组织，也可由单个雇主或由企业联合为社区雇员提供。

（三）商业合作社

美国一些大型的合作社批发商的营业额可达数十亿美元，在销售额和资产方面可以与最大的农业合作社匹敌。有超过 15000 家独立的杂货店需要依靠合作杂货批发商来获得资格和商标，才能与连锁店和打折商店进行竞争。许多著名的快餐连锁店

著名的农业合作社加工和销售的一部分名牌产品

如肯德基等也需要从餐饮业供货合作社获得高质量的原材料。而且，由于合作社庞大的五金连锁仓库遍布美国，美国几乎所有的独立五金店都是从合作社拥有的五金批发商店进货。此外，合作社也是其他一些主要产业的领头人，包括户外产品和服务(休闲娱乐设备公司)、旅馆业、地毯制品、保险、绿色食品、医药供应、大学书店等。

下面来详细介绍一下美国合作社的另一个重要的类型：农业合作社。在2000年，全美国大概27%的农产品供应都是通过农业合作社实现的。

第三节 美国农业合作社的历史、特征及种类

一、美国农业合作社的特征与原则

（一）美国农业合作社的特征

农业合作社对美国的农业发展起到了重要的作用。根据美国农业部的定义:“合作社是拥有共同所有权的人们在非营利的基础上为提供他们自己所需要的服务而自愿联合起来的组织。它通常具有法人地位，通过其成员的共同参与来实现其经济目的。在一个合作社中，投资、经营风险、盈利和亏损都由其成员根据他们使用合作社服务的比例来合理分担。合作社是由作为使用者而不是在合作社的资本结构中作为投资者的社员实行民主管理的。”

美国的农业合作社是在1922年美国国会通过了被誉为“合作社大宪章”的《帕尔—沃尔斯太德法》之后，才开始在美国迅速发展起来的。《帕尔—沃尔斯太德法》对于美国农业股份制合作社的性质进行了规定：合作社的社员必须是生产者，合作社的经营目的在于满足社员的某种需要，因此与社员的关系必须是互

利的；任何社员，不论他的股份多寡，都只能有一票的表决权，没有实行一人一票制的合作社，按股份分红时，最大的股东分红比重不得超过合作社股票总面值的8%；合作社每年与非社员的交易额不得超过与社员的交易额。

在美国，合作社是股份有限公司的一种组织形式。农业合作社作为农业生产者自己拥有和控制的组织，既不像私营公司那样以营利为目的，也不像政府那样提供无偿服务，而是在商品交换原则基础上，以互助互利、社员获益为宗旨。

经过多年的发展，农场主合作社已经成为美国农业社会化服务领域不可替代的一种重要组织。目前，美国农场主生产的农产品中有31%是通过合作社加工销售的。其中乳制品占78%，谷物占41%，棉花占35%，水果占20%。经合作社供应的生产资料占农场主购买总量的比重为27%。其中，石油占44%，化肥占43%，农药占29%，饲料占16%，种子占15%。

在美国农业合作社的人员组成上，按照有关法律，只有“以农场主、种植者、畜牧和乳品生产者、干鲜果品生产者的身份从事农产品生产的人”才有资格成为农业合作社的社员。在成立时，只需要3个农场主即可成立一个合作社(2002年美国农业合作社在成立时平均拥有社员890人)，社员有退社自由。

在美国农业合作社的组织管理方面，和普通的股份有限公司有着一些区别。合作社一般分为三个管理层次：①社员。合作社对社员入社的资格、社员的权利和义务都有明确的规定。社员入社手续一般都非常简便，合作社社员一律平等是合作社最基本的原则。②董事会。董事会由全体社员选举产生，是合作社的常设权力机构，其职责是任命及监督管理委员会和经理，制定和修改合作社章程，制定重大经营方针和政策等。③管理委员会。管理委员会是合作社直接的、具体的管理机构，通常设经理一名，副经理一名，委员若干人。管理委员会向董事会负责，并根据董事会制定的原则从事日常的经营活动。除了由董事会挑选和雇佣的经理(作为合作社的正式雇员时) 才可以脱产负责处理合作社日常事务外，其余成员包括董事长都从事某种农业生产劳动。

在美国农业合作社的利润分配上，原则是在社员中公平分配利润。合作社不可能在每一笔交易之后，马上将收益返还给社员。通常，合作社一般按市场价格为社员提供物资和服务，按有竞争力的价格收购社员的产品，进行深加工和销售。合作社的盈余分配通常采用“惠顾返还式”方式。返还额也叫“惠顾息”或“惠顾金”。按规定，合作社社员有“惠顾”（使用）他们所在合作社的义务，其实，这也是他们能够获得“惠顾金”的前提条件。社员只要是通过合作社买进他们所需要的货物，如化肥、油料等农资；或通过合作社卖出他们的农产品，如谷物、豆类、乳制品等；或者分享合作社提供的其他服务，都被视为合作社的“惠顾者”。合作社在年终分配利润时，合作社在支付了股息，提存了公积金和公益金之后，如果还有盈余，就根据惠顾人与合作社交易额或日惠顾量，按比例进行分配。合作社经营中如出现风险与亏损，社员也应按比例合理分担。

而且，合作社对社员进行的是有限制的分红。大多数的合作社对资本不付任何红利，有分红的也是在州和联邦法律规定的标准之内进行少量的分红。有限分红是对按使用比例分配收益原则的进一步补充，也使得外部人员无法从社员手中夺取合作社的控制权。另外，合作社原则上只为社内成员提供服务。许多合作社条例规定，合作社同非社员的营业交易额不得超过总营业额的一半。

因为合作社是为社员的共同利益而组织起来的，所以它的活动宗旨和目的就是为社员提供尽量多的满意的服务，是不以赚钱为目的的非营利性企业。但为了有效开展社内各种经营活动，它也需要周转资本，因此有时候它也从事一定的经营活动，追求有限的利润。

（二）美国农业合作社的组织原则

美国合作社的组织原则主要有以下几个方面：

第一，用户受益原则。合作社的社员的集体行动有利于社员获得规模经济的好处和讨价还价的能力。社员从这些服务中的受益与其利用合作社的程度成正比。社员通过分享合作经营的收益而获得好处，具体形式为合作社通过有效的业务经营和产品增值所产生的净收益，将按照社员利用合作社的程度返还给社员。没有合作社，这部分利润将会被中间商或加工商所赚取。

第二，用户拥有原则。利用合作社的社员拥有合作社的财产，有责任根据使用程度向合作社提供资金，以保持合作社的正常经营并不断发展。

第三，用户控制原则。合作社的社员是合作社的拥有者并控制合作社的活动。在大多数情况下，不论社员在合作社拥有的股权多少，与合作社的交易量多少，都实行社员一人一票制，即每个社员都只有一个投票权（如果以类似股份制的形式组织起来的合作社，合作社可以发行一种以上，通常又不超过两种的股票。其中，普通股用以证明社员身份，证明社员对合作社的所有权和享有的投票权，因此，每个社员一般只有一个普通股。而优先股则主要代表普通股之外的投资，一般不享有投票权）。在有些情况下，大户社员视交易量可以得到一个或更多的额外投票权。同时，只有社员才可以投票选举董事，批准合作社的重大事项。

为了加强彼此间的联系和合作，美国农业合作社通常都建立了各种各样的联合组织——联社。联社可以是经营业务相同的合作社之间的横向联合，也可以是经营业务彼此衔接的合作社之间的纵向联合。联社分为地区联社和全国联社。地区联社由一个州的几个县或几个州的农场主合作社联合而成，全国联社由全国范围内的地区联社联合而成。联社的职能是从地区或全国的角度，或从整个行业的角度出发，协调各基层合作社的经营活动；组织合作社之间的交流；为合作社提供技术和市场指导；开展人员培训和教育活动；代表合作社与政府和大厂商谈判等。无论是全国联社还是地区联社，它们和基层合作社之间一般都不是领导与被领导的关系，而是一种协作关系。

合作社董事会成员在开会

在美国农业合作社的发展过程中，政府的支持起到了非常重要的作用。美国政府认为合作社只是众多的企业形式之一，合作社在其发展过程中很少受到来自政府的直接干预，除非合作社的活动偏离并影响了整个经济活动或国家利益。当然，政府机构中也有直接参与对合作社管理活动的，例如农业合作社管理局和联邦农业信贷管理局。农业合作社管理局隶属于农业部，其主要职能是：通过调查研究，提供管理咨询，帮助合作社提高服务和经营效率；提供市场信息，帮助合作社获得较廉价的物资和劳务供应，以及较好的农产品销售价格；开展教育和培训活动，提高农场主的文化、技术和道德水平；提供资金援助，提高合作社的装备水平；向世界广泛介绍美国的合作社情况，促进合作社事业的国际交流与合作。

因为美国政府视合作社为具有某种社会福利性质的非营利性

组织，所以在许多方面给予合作社以大力支持和保护。其中包括:①法律保护。在1922年，美国政府把合作社从《反托拉斯法》中豁免了出来，这对合作社，特别是大型的合作社的发展起了很大的推动作用。②税收优惠。美国政府根据税法对取得免税资格的合作社采取赋税减免待遇，对于无豁免权的合作社，与其他企业相比其赋税也是比较低的。例如合作社与社员交易获得的收益，不论是作为合作社的收入取得时，还是作为社员的红利分配时，总共只纳税一次。③信贷支持。在美国政府帮助下建立起来的农业信贷合作体系，专门向农场主和合作社提供信贷支持。这一体系一直被认为是“最安全、最稳定的信贷机构”，为农业生产提供了坚实的资金后盾，对农业和合作社的发展起到了至关重要的作用。

二、美国农业合作社的种类

根据美国农业部农村商业和合作社局2002年的调查显示，当年美国全国共有3140个农业合作社在运营。在这些合作社之中，有1559个销售合作社主要从事农产品的销售，1201个供应合作社主要从事农场所需物资的供应，380个农业服务合作社提供与营销和采购活动相关的服务。2002年，美国农业合作社共拥有279多万社员(美国农民的数量不过大概200万左右，很多社员同时加入几个合作社)，营业额毛收入达到1116亿美元。其中销售合作社拥有会员105万人，营业额为766亿美元；供应合作社拥有会员164万人，营业额为315亿美元；农业服务合作社拥有会员11万人，营业额为34亿美元。

(一) 销售合作社

销售合作社就是通过加工、分销、直销等方式，帮助社员在更大限度上把握自己的产品、帮助社员销售他们自己生产的产

品，并使社员获得最大的收益。销售合作社涉及的主要业务为农场加工和销售棉花、奶产品、水果和蔬菜、谷物和油料作物、牲畜和家禽、干果、羊毛、大米、大豆、糖和其他的农产品。许多销售合作社的业务常常贯穿于从农业生产者到消费者之间的农产品流通全过程，即垂直一体化经营。有些销售合作社把业务范围限制在与买方谈判产品价格和交易条件上，例如水果和蔬菜的生产者及奶制品生产者就是这类合作社的主要社员。一些销售合作社将社员的产品组织起来形成批量，卖给加工商、批发商或零售商，例如谷物生产者和水果、蔬菜等新鲜产品生产者一起组建这样的合作社。另一些合作社将社员的产品加工成更有价值的产品，使社员的产品增值。加工后的产品可以作为再加工产品的配料出售，可以卖给饭店直接使用，也可以卖给蔬菜连锁店按原有品牌出售，还可以卖给名牌公司标上名牌出售，例如许多加工奶制品、水果、蔬菜、谷类、鱼、虾等产品的加工合作社就是开展这种加工增值业务的典范。还有一些合作社，他们所做的事就是将社员的产品贴上合

明尼苏达州美国冰糖合作社加工甜菜根的工厂设施

作社的商标，送到蔬菜商店的货架上，例如大湖、太阳、威尔士、树梢等合作社就是这种有自己商标的合作社。

（二）供应合作社

供应合作社的主要功能是以合作形式向社员提供各种农用物资和商品，包括化肥、杀虫剂、饲料、肥料、燃油、种子、割草机、喷雾器、建筑材料和其他物资等，其中石油、饲料、化肥的供应量比较大，在2002年分别达到了72亿美元、54亿美元和43亿美元。供应合作社有专业型和综合型的两种，并以多功能、全方位的综合型供应服务为主，业务范围可以包括谈判价格，兼营批零业务，生产和加工农用品，培育和生产种子，孵育种禽，运输农产品，甚至从事石油勘探和开采，开辟自己的科研农场，进行农业科学试验和研究，但一般仍是以供应农资为主。供应合作社最初是帮助农民获得低价、优质的物资，如饲料、燃油、肥料和种子。这些早期的合作社往往后来都演变成了有专职经理和专门库房的企业，而且经营的生产资料和服务种类越来越多，如各种农用化学制品、牲畜医疗用品、围栏、建筑材料、建筑承包、机动车配件服务等。现在许多基层采购合作社都加入了地区性或全国性联合合作社。联合合作社通过直接拥有炼油厂、磷肥厂、钾肥厂、氮肥厂、饲料厂、研究机构和实验室等大型设施机构，降低了社员的经营成本，提高了购买力。如今，许多非农企业也组建了供销合作社，如五金商店、独立的蔬菜商店和快餐连锁店等，比较出名的这类合作社有瑟坊食品、艾思五金等。

（三）农业服务合作社

农业服务合作社也是为农民提供服务的，它们的服务主要是

专门针对农业生产的，如推荐使用肥料、石灰、杀虫剂，为农场进行牲畜饲料加工、畜种改良，为农场提供运输、仓储、人工播种农作物收获和烘干等业务。例如在佛罗里达和加利福尼亚，水果农场主们为了能使用昂贵的专业设备来解决害虫问题而专门成立了“害虫防治和果园护理合作社”；在美国的中西部地区一些农场主为了能对农场进行更科学的管理，成立了“土壤测试和化肥科技合作社”。在威斯康星州，奶牛农场主们成立了一个高科技的数据处理中心，通过精密的仪器和科学的检测，该合作社能对牛群进行定期的体检，帮助农场主及时了解牲畜的状况。在美国科罗拉多州、犹他州、加利福尼亚、蒙大纳、怀俄明州、爱达荷州和俄勒冈州，如果没有农场灌溉合作社为各个农场直接供应农业用水，那么无法想象能够在这些地方发展农业。

除了农业服务合作社以外，还有许多的合作社为美国农民提供更一般性的服务，如农村合作信贷系统发放贷款，农村电力合作社输送电力，农村电话合作社提供电讯服务，农业保险合作社提供火灾保险服务，农村合作医疗机构提供卫生保障等。在2000年，在美国农村地区大概有1100万人口要依靠农村电力合作社来提供电力；共有569个农村信贷联盟，拥有380万社员，

其存款额超过180亿美元；共有220个农村电话合作社为140万社员提供电话通信服务。而正是因为有了这些合作社，这些农场才能够享受到互联网的接入服务。

（四）农场信贷系统

美国的农场主和其他的农村居民组织了两种不同类型的信贷系统，一种是为了满足农业生产的需要，另一种目的是为了满足个人的需要。政府的“农场信贷合作社系统”提供了对农业生产和农业合作社的外部信贷服务，该系统是由美国国会于1916年批准建立的。

在农场信贷系统（FCS）中有1个农业信贷银行（co-bank）和6个地区农场信贷银行。这个系统为将近200个地区性的农业信贷协会和许多农业合作社提供信贷资金支持。农场信贷系统为五十多万个贷款者提供了超过620亿美元的贷款，大概覆盖了整个国家农业信贷需求的1/4。这些贷款覆盖了农场不动产贷款、农场经营贷款、农户抵押贷款、人寿保险和农作物保险等。地区性的信贷协会由几个不同目的的机构组成，包括：联邦土地银行（专门向农场主提供长期不动产抵押贷款的银行，其贷款主要用于购置农场房屋建筑和土地等不动产）、生产信贷协会（提供中短期贷款）、农业信贷协会（提供各种期限农业贷款）。生产信贷协会和农业信贷协会都为农业经营过程中的生产、加工、营销、农业机械等提供资金支持。

农业信贷银行（co-bank）主要是为农业合作社、农村基础设施和其他的农业产业经营提供贷款资金支持。农业信贷银行除了能为美国、阿根廷、墨西哥和新加坡的农业产业提

供贷款外，该银行还担负着为美国农产品的进出口提供贷款的任务。农场信贷系统的交易协会为农场信贷理事会，总部设在华盛顿和丹佛(美国科罗拉多州首府)。截至 2004 年，美国的农业合作信贷体系为美国农业合作社提供了 123 亿美元的经营性贷款和 124 亿基础设施贷款。

（五）信贷联盟

信贷联盟（credit unions）是一种非营利性的合作社组织形式。它们可以为社员提供较高的存款利息和较低的贷款利息，同时合作社鼓励社员提供系统性存款，也会对社员进行金融知识的教育和培训。这种合作社是从马萨诸塞州于 1909 年通过了第一个州信贷联盟法律后开始兴起的，美国国会于晚些时候的 1934 年又通过了《联邦信贷联盟法》。

现在美国拥有超过 11500 个这种信用合作社，合计资产超过 3500 亿美元。这其中有将近 700 个这种合作社为农村地区 450 万社员提供金融服务。美国的这些信用合作社的社员都是由一些有着共同特点的人群所组成的，某些信用社甚至允许社员在退出合作社以后仍然享受服务。社员在信用合作社里的存款就是社员在合作社里的股份，社员有存取款的自由。许多信用合作社为社员提供了支票账户、自动提款机和一系列的消费贷款服务。信用合作社利用社员的存款来提供贷款服务，与一般的营利性银行相比较，信用合作社的存款利息要高、贷款利息要低。信用合作社的净利润在提取公积金以后一般根据社员股份的大小返还给社员。

信贷联盟总部（华盛顿）

(六) 农村电力合作社

现在几乎所有的美国农村家庭都有电力供应，这要归功于1935年成立的农村电力局(REA)和现在的农村电力合作社。农村电力局和农村电话合作社是美国农村地区电力和电话通信服务的主要提供者。电力和电话合作社是仅仅只为社员提供低价格服务和产品的组织，但是它们有一个明显的特征，就是它们的服务范围一般只是在一个特定的地理区域内，该区域内的居民一般只能通过它们来得到电力和电话的供应。

在1935年，90%的美国农村还没有得到电力供应，这种情况下，农村电力局应运而生。1936年的《农村电力法》赋予了农村电力局为农村电力基础设施提供长期低息贷款的权力。经过该农村电力局几十年的努力，截至1990年，99%的美国农场拥有了电力供应。在1994年，美国农业部进行部门调整，美国的农村电力贷款项目、电话、水和排污系统都合并在了农村基础设施管理局（RUS）的管理之下。迄今为止，政府已经为农村电力基础设施提供了570亿美元的贷款。这其中有750个电力系统在该项目有贷款，其中96%为农村电力合作社。每个电力合作社都是独立的企业，这些合作社总共拥有3200万左右的社员。这些合作社同样遵循着诸如一人一票等合作社的规则。合作社提供的电力价格要稍高于成本，因为它要偿还贷款、保持一定的流动资金来维持正常运转。截至2002年底，在美国有644家农村电力合作社，它们经营着全美一半以上的电力线路，向46个州的2500多万人口供电。

(七) 农村电话合作社

在第二次世界大战期间，美国的农村电话系统受到了一定的破坏，1940年拥有电话的农民比1920年还少。在这种情况下，1944年农村电话局成立了。在1949年通过的《农村电气化法案》决定为农村电话通信系统提供长期低息贷款，在这以后，农村电话事业开始蓬勃发展起来。现在有超过95%的美国农场是通过220个农村电话合作社来得到电话通信服务的，农村电话合作社总共服务着美国31个州的120多万人口。

（八）农业保险合作社

那些联合起来为农民提供火灾保险的合作社被称为“共同火灾保险公司”。这些合作社已经存在了200多年，它们的“祖先”就是前面提到的本杰明·富兰克林组织成立的费城房屋火险互助合作社。这些合作社一般都是在农村地区开展业务，服务的对象主要是农场主们。由于这些合作社存在着系统性的运营风险，例如当地农业遭受到包括飓风、冰雹等一些自然灾害的时候，这些合作社就会遭受很大的损失，所以许多这种合作社都会为自己的保险业务进行再保险，提高合作社覆盖农业风险的能力。这种保险公司保持着鲜明的合作社特征，例如它们的保险客户同时也是社员；同时也承担着对社员进行火灾预防教育的任务，它们会定期检查承保的财产、定期对社员散发火灾预防材料等。

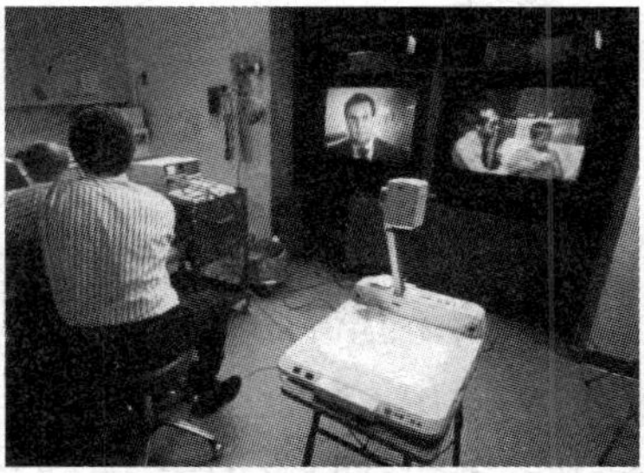

有的医疗合作社可以提供先进的远程通信技术为社员提供异地诊疗服务

（九）农村合作医疗

由于美国农村地广人稀，所以很难吸引和留住医生和医疗机构。针对这种情况，农场主们联合成立了一些合作医疗机构。通过大家集资，合作社建立了自己的诊所、聘请了一流的医护人员，很大程度上解决了农村地区的医疗问题。由于医疗机构的特殊性，这些合作社的董事会成员一般也会邀请医生加入。在许多情况下，合作社的医生能得到比个人行医者更加昂贵的专业医疗器械，能够更好地治病救人。

（十）农村住房合作社

在美国共有超过150万个家庭居住在合作社住房里。美国住房合作社的历史很悠久，最早的住房合作社是在19世纪晚期的纽约出现的，而现在纽约已经拥有数千家住房合作社。大多数的住房合作社集中在一些大城市里面，例如纽约、华盛顿、芝加哥、迈阿密、底特律、亚特兰大和旧金山等。

美国农村地区同样也存在着住房问题。农村住房合作社是一种社员为了获得住房而成立的合作组织。社员只要购买了住房合作社的股份，就能获得租住在一个住房单元里的权利。社员的责任和义务包括每月为合作社的住房付款、参与合作社的管理、遵守合作社的规章制度等。社员通过投票选举董事会来行使对合作社的管理权利。董事会决定住房合作社的重大决策，通过雇佣经理层来对合作社进行日常管理。住房的产权属于合作社共同所有，社员并不直接拥有住房的产权。农村住房合作社和一般性质的住房租赁不同，表现在社员仍然通过拥有合作社的股份来行使

有的住房合作社采用“自我雇佣”形式来开发房地产项目，社员投入“汗水股份”，即社员自己动手给自己盖房子

一定的房屋所有权和在合作社的投票权。

住房合作社开发的住房项目和其他一般的房地产项目不一样，它不以对投资者的回报作为标准，它的主要目的是为社员提供低成本的住房，这就决定了它的非营利性质。大多数的住房合作社的资金来源都是通过抵押贷款来获得的。合作社拥有对住房的产权，同样也就对偿还贷款负责，而社员的抵押贷款则包括在他们购买的合作社股份里面。

第四节　美国农业合作社的案例

本节将具体列举一些美国农业合作社的实例，涉及各种农业合作社企业。这些合作社都发展得比较成功，具有很高的知名度。文中的某些相关内容和图片主要译自各农业合作社的网站及年报等。

一、优鲜沛合作社

优鲜沛(Ocean Spray)公司是美国著名的农业合作社。

该合作社成立于1930年，最初由马萨诸塞州和新泽西州的三个蔓越橘（cranberry）种植园农场主发起成立，起初合作社的目的只是为了给他们的产品提供更好的销路，但是后来合作社发现加工他们的水果能够获得更高的附加值。于是合作社在1930年成功地开发出了蔓越橘鸡尾酒，使得合作社成为第一个把蔓越橘加工成饮料的企业。1963年，合作社又开发了饮料行业第一种混合果汁—Cran·Apple牌的蔓越橘苹果饮料。从此之后，合作社开发了许多种广受欢迎的低卡蔓越橘

混合饮料。

1976年，合作社吸引了佛罗里达州印第安河地区的葡萄柚种植者的加入。随后合作社开发的Ocean Spray牌的葡萄柚果汁、葡萄柚粉红鸡尾酒迅速占领了市场。从1991年Ocean Spray牌葡萄柚红玉果汁饮料同样获得巨大成功后，合作社又开发了一系列包括草莓、柑橘、芒果等水果与葡萄柚的混合饮料。优鲜沛合作社也开创了美国饮料市场上无菌包装的先河，现在常在超市货架上见到的果汁无菌盒包装就是由优鲜沛的饮料于1981年首先发明使用的。而且现在广泛使用的PET塑料瓶饮料包装也是由优鲜沛合作社于1985年最先使用的。

合作社对产品的创新从来没有停止过，1999年优鲜沛开发了葡萄柚加钙鸡尾酒，2001年又开发出了无色蔓越橘饮料（归功于农业技术的进步，现在蔓越橘可以一年收获两季：夏天收获白蔓越橘、秋天收获红蔓越橘），2004年开发出了冰蔓越橘茶饮料。同年合作社发布了其产品的新包装，商标图案简洁明快、色彩生动，很好地传达了产品的精髓和合作社的精神宗旨。

目前，优鲜沛合作社由超过650个来自马萨诸塞州、威斯康星州、新泽西州、俄勒冈州、华盛顿州、加拿大不列颠哥伦比亚省的蔓越橘种植者以及100多个佛罗里达州的葡萄柚种植者联合组成。优鲜沛合作社是北美洲的罐装果汁饮料的行业领袖，从1981年起，该品牌的饮料就是同行业中最为畅销的，由于在消费者中的品牌形象良好，每年有超过12万的消费者向合作社咨询关于食谱、配料等的产品信息。合作社在全世界的员工目前已超过2000名，总部设在马萨诸塞州，合作社的水果收购站和加工灌装工

厂遍布全美国和加拿大。该公司 2005 年财务报告显示，优鲜沛的总销售额为 140 亿美元。

蔓越橘是为数不多的北美洲原产水果之一（还有蓝莓和康科德葡萄等），主要生长在美国的几个州和加拿大的一些省，在北美洲的种植面积合计 47 平方英里左右。许多蔓越橘的种植园都是世代相传的，有的种植园甚至已经有 100 多年历史了，至今仍在生产。蔓越橘产量很大，如果把每年这些收获的水果首尾相接连起来的话，绵延的距离会从波士顿到洛杉矶打 500 多个来回。很久以前美洲的印第安人就在食用蔓越橘了，他们把干瘦肉条捣碎并拌上油脂和蔓越橘浆果，然后压制成小饼，叫“肉糜压缩饼”（pemmican）。现在美国人对蔓越橘的消费量很大，每年大概要消费掉 4 亿磅的蔓越橘。

蔓越橘对生长环境要求很低，在严寒的温度和酸性贫瘠的土壤中都能存活。蔓越橘的果实很轻，很容易就能在水里漂浮起来，这也是蔓越橘的一种采摘方法。在蔓越橘成熟以后，农场主们把种植园用水覆盖起来，并用一种搅拌水的机械，让蔓越橘果实从果枝上掉下来，然后人们就可以把漂浮在水面上的蔓越橘收集起来了。但每个蔓越橘的种植园都必须严密地保护起来，因为许多动物包括秃鹰、鹭、狐狸、鹿和野火鸡等都对这些果子虎视眈眈。

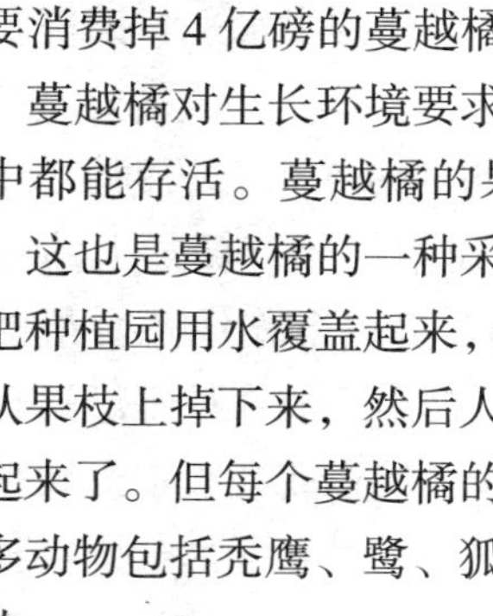

Ocean Spray 合作社的部分产品

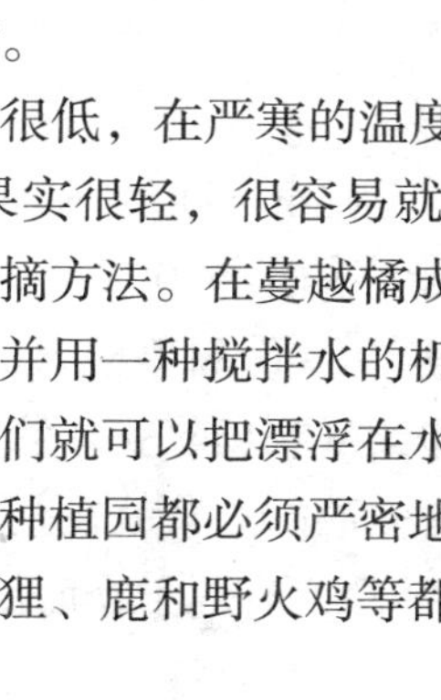

二、美国冰糖合作社

美国冰糖合作社是一个全球性的农业合作社。1973 年，1500 多名甜菜种植农场主购买了原为私人所有的美国冰糖公司，并把它和红河谷甜菜种植者协会进行了合并，把它变成了合作社组织。今天，合作社的主要业务涉及甜菜的生产、加工制造和销售糖类农作物产品。合作社拥有大概 3000 名社员，社员主要来自明尼苏达州的红河谷地区和北达科他州，这些社员总共拥有将近 50 万英亩的甜菜种植农场。

该合作社是美国最大的甜菜加工机构，也是最大的糖类制造商，其糖的生产和销售量占到了美国市场的 16%。合作社可以帮助社员降低甜菜生产成本、提高生产设施技术水平、销售农产品。

合作社在明尼苏达州和北达科他州拥有 5 个大的糖加工厂。这些加工厂每年能够加工 900 多万吨甜菜，年产糖量大约可达 3000 万英担。每年 9 月份甜菜成熟的时节，合作社就会帮助社员用大型机械把甜菜从农场收获，然后把甜菜放在加工厂的仓库里等待深加工。大多数的甜菜就在仓库里堆积或者直接露天存放（当地的冬天气候寒冷，有利于仓库储存），另有一部分则会被冷藏起来。这些甜菜需要及时加工，这样才能提高糖的产量，减少浪费，所以这些加工厂从每年的 9 月份（甜菜收获时节）到来年

加工厂里堆积如山的甜菜

合作社的甜菜加工厂

合作社生产的部分糖类产品

的 5 月份约 250 天的时间几乎是在日夜不停地运转。

合作社对甜菜的加工程序十分严格。首先甜菜经过清洗，切成甜菜丝，甜菜丝经过压榨之后分成两部分，其中生糖汁被用来继续深加工，而甜菜纤维则被加工成饲料。然后生糖汁中加入石灰乳和二氧化碳，这样生糖汁中的其他杂质就沉淀到底部，分离出来的液体经过过滤、真空煮沸、再过滤和再煮沸，糖就开始结晶了。然后糖汁再经过离心分离等程序，洁白纯净的糖晶体就被生产出来了。

合作社的总部和技术服务中心设在明尼苏达州的穆尔黑德；同样设在明尼苏达州的合作社下属公司"联合糖类公司"（United Sugars Corporation）负责销售合作社的产品到全美国的零售商和其他以糖为原料的工业部门；设在加利福尼亚州的"中西农产品公司"负责把合作社的糖浆和糖蜜远销到全球各地。有统计显示，如今的每个美国人每年大概要消耗掉 40 磅的糖，合作社的产品在美国消费者中已有良好的口碑。2005 年合作社的财务报告显示，合作社的总资产为 7.7 亿美元，净收入达 9.6 亿美元，纯利润达 3.7 亿美元。

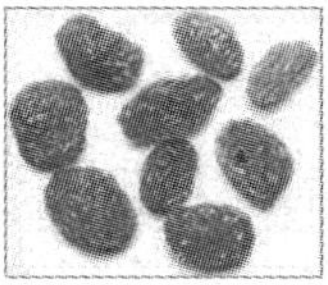

三、阳光少女葡萄干种植者合作社

早在 2000 多年前，埃及人的古书里就记载了那时候的人们

食用葡萄干的情形，同样在圣经中也有相似的记载。2005年，美国农业部筹划的新“食物金字塔计划”中也提到，多吃水果和包括葡萄干在内的干水果制品对身体有很大的好处。

在美国的加利福尼亚州，从事农业生产成为了1849年的加州淘金潮之后的第二次“淘金潮”。由于加利福尼亚州的气候非常适宜水果的生长，尤其在圣华金河谷一带，有许多种植葡萄、桃子、李子、苹果、无花果、杏、蓝莓、草莓和各种瓜的水果园。而加利福尼亚州灿烂的阳光天气又非常有利于葡萄的生长和葡萄干的干燥加工，所以在19世纪晚期，葡萄的种植面积迅速扩大。当然，葡萄的种植也面临着许多来自气候的风险，比如在早春的霜冻和晚春的冰雹都对葡萄生长有很大危害；在夏天需要有干燥酷热的天气来帮助葡萄生长出比较高的含糖量，温度低会造成葡萄含糖量低，但是如果温度过高的话也会对葡萄的生长产生不利影响；到了秋天，如果阴雨绵绵的话，就无法让采摘的葡萄及时风干成葡萄干。由于单个农场很难对抗自然风险，所以水果农场主们联合起来组织成合作社，共同抵抗自然风险，同时也有利于水果的销售。

早在1898年，就有一些葡萄园的种植农场主开始组织合作社来销售葡萄干了，但是规模都比较小；在1912年，圣华金河谷的一群葡萄种植农场主们联合组成了一个新的合作社——加州联合葡萄干公司。自合作社成立以后，葡萄干的生产加工产业开始蓬勃发展起来。随着合作社的不断发展壮大，到1922年已经有超过85%的加利福尼亚州葡萄种植者成为合作社社员，所以当年合作社

的名字改成了“阳光少女加利福尼亚葡萄干种植者合作社”。

在 1915 年，合作社推出了 SUN-MAID（意思是“阳光少女”）商标，当年合作社的社员在无意中发现了一个名叫洛林的当地少女，她红色太阳帽下的微笑和手捧一盘鲜葡萄的清新形象与饱受阳光滋润的加州葡萄颇为神似。于是这个商标设计成以洛林为原形，一个少女戴着红太阳帽穿着白衬衫手里捧着一盘新鲜的葡萄，少女的背后是一个灿烂的太阳形象。这个商标意味着合作社生产的葡萄干是接受了加州灿烂的阳光滋润才制成的，受到了广泛的好评。1923 年的时候，合作社为生产的葡萄干贴上了这个商标，该商标在随后的几十年里几经变换，成为了在美国家喻户晓的高知名度品牌。

现在合作社的社员基本都是在加利福尼亚州的大中心山谷地带方圆 100 英里内的水果种植农场主。合作社致力于为社员提高葡萄的生产技术和加工水平。早在 1918 年，由于葡萄产业迅速扩大，合作社的设备开始短缺，于是合作社在弗雷斯诺市建了一个新的日光照射干燥工厂，这个工厂在当时被美誉为“底特律以西最美的工厂”。在 1964 年，合作社又在金斯博格市建立了一个新的加工厂，这个工厂占地达 73 英亩，而且被《工厂杂志》评为当年最好的加工车间。尤其值得一提的是，合作社开发出了一

阳光少女葡萄干种植者合作社的部分产品

种在种植园里直接把葡萄干燥加工成葡萄干的设备，省去了许多烦琐的由葡萄加工成葡萄干的中间过程，于是合作社在1994年为该种设备申请了专利。

现在，合作社推出的产品包括各种葡萄干、葡萄浓缩液和葡萄酱等。合作社的产品有1/3以上都远销到了60多个国家和地区。由于合作社拥有世界上最大的葡萄干包装设备，拥有专业的实验设备和科技人员为产品进行检测，可以及时推出符合市场需求的新产品。合作社为了推广自己的产品，会定期推出如何食用葡萄干的小册子，而且为了提高品牌的知名度，合作社还在2000年推出了“阳光少女娃娃”玩具，以博得小朋友的喜爱。现在，合作社所生产的葡萄干在美国有非常高的知名度，而且合作社已经开始准备扩大产品的范围，要涉及除葡萄干以外的各种干水果的生产，来迎合市场的需要。

四、威尔士农业合作社

威尔士（Welch's）农业合作社是一个以加工和销售为主的农业合作社，是美国“国家葡萄合作社协会”的成员。合作社有1300多个社员，这些社员拥有在宾夕法尼亚州、密歇根州、纽约州、俄亥俄州、华盛顿特区和加拿大安大略省的将近5万英亩的康科德葡萄和尼亚加拉葡萄种植园。

康科德葡萄为紫色或者深蓝色，是美国国家级的特产，它是在22000多株葡萄苗上经过了多年反复实验和种植才培育出来的优良品种。该葡萄是合作社加工紫葡萄汁的主要原料之一，它主要生长在美国和加拿大的4个主要区域，每年的产量可达45万吨。而尼亚加拉葡萄是康科德(Concord)葡萄和科斯底(Cassady)葡萄的杂交品种，颜色为乳白色或淡青色，是白葡萄汁的主要原料，主要生长在美国北部和加拿大的一些地区。

合作社的葡萄种植农场

合作社的宗旨在于帮助社员提高葡萄的种植水平，加工和销售葡萄产品，为社员创造价值。合作社 2005 年的财务报告显示，合作社当年共加工了大约 40 万吨葡萄，产品销售额达 5.78 亿美元，净收益 5800 多万美元。

吉姆和毛瑞斯两兄弟是威尔士农业合作社的社员，他们共同经营着一个葡萄种植园。在谈到威尔士农业合作社的时候，他们很满意合作社为他们的葡萄提供了一个稳定的市场需求。他们说：“你必须信任那些知道如何帮你销售产品的人（合作社），我们做好我们最擅长的事情（种植），他们（合作社）做好他们最擅长的事情（销售）。”

肯·刘易斯也是一个农场主，他于 1969 年从父亲手中接过了一个在华盛顿州东部 600 多英亩大的葡萄园。他说：“我很喜欢葡萄成熟时节的芳香，虽然经营农场不是一个简单的事情，很辛苦，但经过 33 年的努力一共生产了 6 万吨的葡萄，我很满意。”肯·刘易斯在 20 世纪 90 年代初的时候加入了合作社，和合作社的关系一直很好。他说：“合作社为我提供了葡萄稳定的销路，让我有能力买更多的土地、尝试种植其他的水果等。但是这些措施并没有和其他的农场主形成竞争关系，因为我们是同一条路上的。如果你想成功，你同样也希望其他农场主成功。很感谢合作社。”

合作社生产的葡萄汁

Welch's 成为美国乃至全世界消费者所认可和尊崇的品牌。Welch's 品牌始创于 1869 年，当时托马斯·布莱维尔·威尔士（Thomas Bramwell Welch）医生用巴氏灭菌法成功地用未发酵的康科德葡萄加工出了果汁，成为整个果汁生产行业开始的标志。直到今天，这种加工果汁的方法仍然是果汁制造行业的技术原则。经过 100 多年的发展，Welch's 已成为葡萄汁的代名词。

合作社总部位于马萨诸塞州的康科德，是全球在康科德葡萄和尼亚加拉葡萄加工生产领域的行业领袖。生产的产品主要有葡萄汁、葡萄果冻、纯果汁、鸡尾酒和果酱等。合作社在产品营销上不遗余力，每年大概有 2 亿人通过电视、广播、报纸和因特网等渠道可以看到 Welch's 的广告。合作社产品畅销美国，远销到包括日本、英国和加拿大在内的 50 多个国家和地区。值得一提的是，2005 年合作社开始把产品销售到了我国，现在北京、上海的一些超市货架上已经可以看到 Welch's 的葡萄汁产品。

五、棉籽油生产者农业合作社

棉籽油生产者合作社（Producers Cooperative Oil Mills）成立于 1944 年 6 月 20 日，是由美国 14 个棉花轧棉合作社和 3 个地区性合作社通过购买了在俄克拉荷马州的棉籽油加工厂后成立的。

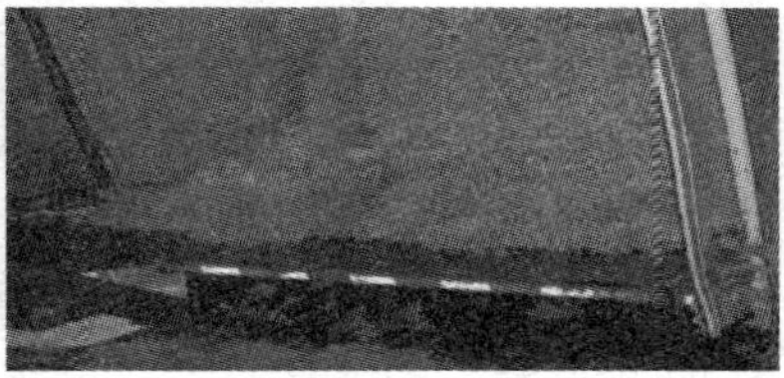

合作社的社员主要是分布在俄克拉荷马州、得克萨斯州、堪萨斯州、密苏里州、田纳西州的棉花种植农场主。社员对合作社的支持和忠诚，对合作社 60 多年的成功运营起到了非常大的作用，同时，合作社在长期的运营过程中也给社员创造了丰厚的回报。

在合作社成立以后的几十年中，棉花产业经历了非常大的进步，包括棉种子的改良、棉花自动采摘技术、棉花病虫害的防治技术的进步等。尤其值得一提的是棉花自动采摘技术。现在每个棉花自动采摘机每天能收获 80 包 ~150 包棉花，采摘后的棉花用自动打包机打成每 12 包 ~20 包棉花一大捆的货包，然后货包被运送到轧棉工厂进行加工处理。经过轧棉机处理后，棉籽或者被送到棉籽油加工厂进行深加工，或者被储藏起来作为饲料出售。

合作社主要致力于为社员的棉花进行加工销售创造价值。在 1999 年，由于合作社的棉籽加工处理能力渐渐跟不上社员的生产能力，合作社又收购了一个加工厂，即 Osceola Products Company。在这次收购之后，由于合作社在阿肯色州密苏里州的仓储能力又跟不上了社员的生产，所以 2000 年合作社又在田纳西州购买了土地，建立了一个 6 万吨储藏能力的棉籽仓储基地。这些

新收购和建立的工厂联合组成了合作社的全资子公司——中南部生产者集团（Producers Mid-south Company）。这个子公司的设备仅仅是为了收购和储藏社员生产的棉花和棉籽。棉籽油生产者合作社现在储藏了大概12.5万吨的棉籽。1945年合作社每天的棉籽加工能力为150吨左右，由于技术的进步和规模的扩大，现在合作社每天能处理大概1000吨的棉籽。

棉籽产业是美国农业的一个重要组成部分。棉籽产业是棉花生产中一个有高附加值的加工产业，以前棉籽在棉花生产中直接被抛弃了，而现在棉籽被加工成了人们吃的食物、牲畜的饲料、植物的肥料、家具的加工填充料，甚至也可以作为计算机芯片和主板的原料。

六、烤烟烟草农业合作社

烤烟烟草合作社（Flue-Cured Tobacco Cooperative）是美国著名的烟草合作社，合作社的社员约为3500人，社员主要是来自佛罗里达州、佐治亚州、北卡罗莱纳州、南卡罗莱纳州和维吉尼亚的烤烟烟草种植农场主们。许多农场主都是世代相传种植烤烟的，种植烟草的历史超过400多年。合作社在北卡罗莱纳州的汀布莱克（Timberlake）拥有一个烟草加工厂。

合作社的历史并不长，来自佛罗里达州和北卡罗莱纳等州的烤烟烟草种植农场主们于1946年成立了合作社，当时合作社的名字叫做烤烟烟草稳定合作社（Flue-Cured Tobacco Cooperative Stabilization Corporation），合作社成立时的主要任务是管理联邦烟草项目的补贴和收购加工销售社员生产的烟草。

合作社的宗旨是向消费者介绍社员生产的烤烟，提高社员生产烤烟的质量，改进加工技术以适应市场需要，最终目的在于帮助社员提高收入。1967年，合作社收购了布朗烟草公司（Brown

合作社社员的烟草种植园和合作社的烟草仓库

Tobacco Company)，增加了合作社的干燥和仓储设备。1975 年，合作社成立了一个基金，主要任务是继续对联邦烟草补贴项目部分废除以后对烟草种植者继续提供帮助。2000 年，合作社投资 2600 万美元，帮助社员进行技术改造，主要目的是帮助社员降低烟草中的亚硝胺（有机化合物，存在于各种食物和其他产品中，在试验动物身上发现有致癌作用）的含量，以适应市场的需要。

2001 年，因为面临着烟草市场价格的下降和生产配额缩小的影响，合作社专门为社员提供了一个营销中心。2004 年，合作社董事会通过决议，收购了在北卡罗莱纳州的一个烟草加工制造工厂以扩大产量。2004 年 10 月 22 日，美国总统布什签署法律正式终止了联邦烟草补贴，这使得社员和合作社面临着更大市场竞争的压力；但是由于烟草种植量配额的取消，也使得社员能够种植更多的烟草。由于合作社社员生产的烤烟物美价廉，被誉为是世界上质量最好的烟草，所以合作社也面临着难得的发展机遇。

现在的合作社总部位于北卡罗莱纳州的罗利市，合作社有两个下属子公司，一个是美国烤烟种植者公司（U.S. Flue-Cured Tobacco Growers），从事烤烟的加工制造，每年能加工 15000 材积吨（metric ton）的烟叶，加工的产品包括生烟丝和香烟，其中每年产量为 100 亿根香烟。另一个子公司是

烤烟烟草合作社生产的部分产品

烤烟种植者服务公司（Tobacco Growers Services），主要从事烟草的仓储，可储藏达 35000 材积吨的烟叶和烟丝。

合作社生产的产品主要就是各种烟丝，包括各种类型的烟丝和未加工的烟草块等。合作社生产的烟丝不仅在美国销售，而且远销到欧洲和亚洲的一些国家和地区。合作社在 2005 年还销售了 1380 万磅、价值 3530 万美元的烤烟给中国烟草专卖局，占美国出口同类产品的 78%。

七、中州羊毛农业合作社

中州羊毛合作社（Mid-States Wool Growers Cooperative Association）是由来自全美国 23 个州的 6000 多个绵羊饲养农场主组成的，主要业务是利用社员饲养的绵羊来加工羊毛和其他产品，为社员创造价值。合作社成立于 1918 年，合作社最初成立的原因是绵羊饲养者需要联合力量为他们生产的羊毛卖一个好价格，发展到今天，合作社成了世界上技术最先进的羊毛制造商之一，拥有来自美国 23 个州的 10000 多名社员，每年销售羊毛多达 600 多万磅。

1918 年，来自美国三个州的绵羊饲养主们决定联合在一起，为他们生产的羊毛在第一次世界大战期间卖一个好价钱，这样合作社的前身——中州羊毛合作社成立了；1919 年，合作社在哥伦布市（美国俄亥俄州首

府），租用了一个羊毛加工厂；1921 年，合作社筹资 12.5 万美元，在哥伦布市建立了第一个为合作社所拥有的羊毛加工厂；1945 年，合作社改组，并把合作社的名字改为了俄亥俄羊毛合作社协会；1956 年俄亥俄羊毛合作社协会加入了美国国家羊毛销售协会；1957 年，俄亥俄羊毛合作社协会为了给中西部地区的绵羊饲养者提供更好的饲料和设备，成立了一个家畜饲料供应部，同年合作社在哥伦布市建立了一个在当时设备最先进的、面积为 6 万平方英尺的羊毛加工厂；1974 年，俄亥俄羊毛合作社协会和中西部羊毛销售合作社进行了合并，改称中州羊毛合作社，大大加强了合作社的实力；1987 年，合作社把总部迁往了爱荷华州；1993 年，合作社收购了北部中心羊毛销售公司（North Central Wool Marketing）的资产，翻开了合作社发展的新一页，合作社获得了许多新的加工设备、销售网络以及商标资源；1995 年，合作社在俄亥俄州新建立了一个供应中心和羊毛分级仓库，这些工厂运用了先进的自动化技术，通过电脑系统就可以控制羊毛的进出库信息，也可以为羊毛自动分级；1999 年，合作社新开发了一种塑料羊毛包装，取代了沿用了 80 年的作为羊毛行业标准包装的黄麻包装。综观合作社的发展历程，合作社在近一个世纪的发展历程中，都永远坚持一个宗旨：最大限度地满足绵羊农场主（社员）的需要。

饲养绵羊也面临着许多的困难和市场风险。高质量的羊毛是需要很长时间的精心照料才能得到的。首先，要保证绵羊的饲料营养，如果绵羊不能很好地摄取需要的营养，那么羊毛的质量也不会高。另外，母羊也不能在它的怀孕期间剪毛，因为母羊一般会在那段时间身

体健康状况不佳，羊毛的质量较低。在绵羊剪毛期间也要注意保持绵羊的干燥，因为如果剪毛期间绵羊放养在嫩草地上，绵羊的身上就会粘上许多湿漉漉的草，这样剪下的羊毛就会有许多的植物纤维，而且剪毛的时候绵羊也不能吃得太饱，因为那样的话会让剪毛机器很难操作。在羊毛剪下以后，要注意把绵羊腹部的毛和其他部分的羊毛分开，这样才能使高低质量的羊毛分开。有了合作社，合作社会定期为社员进行技术指导，帮助社员解决实际困难，让绵羊的饲养变得更容易。由于羊毛市场也面临着价格的波动风险，合作社还会对市场进行跟踪调查，分析出羊毛价格的走向和市场需要的羊毛质量，对社员进行指导，帮助社员生产高质量并符合消费者喜好的羊毛。

合作社生产各式各样的产品，包括毛线、羊毛衫、羊毛玩具、鞋、小羊皮、香皂和美容化妆品等，产品销售遍及全世界，其中尤以我国的市场需求对合作社来说非常重要。在合作社的网页上，可以看到羊毛市场的最新动态和合作社在最近一段时期为社员所做的服务；合作社为社员提供的关于各种饲养绵羊和生产羊毛的技术介绍和经营绵羊养殖场的管理知识；合作社为顾客介绍的产品信息，包括产品的外形、价格、优点等，可使消费者方便地了解这些产品。

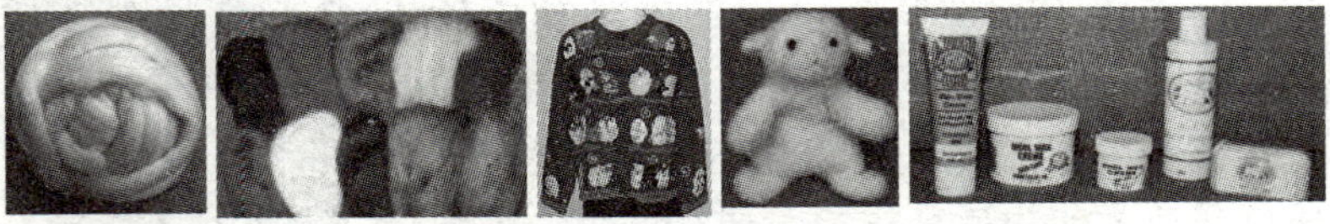

合作社生产的毛线和其他产品

第三章　亚洲一些发达国家的农业合作社

在亚洲地区，日本和韩国的农业合作社都具有综合性功能，它们的全称是农业协同组合，简称“农协”。农业协同组合将农民组织起来，为农民提供生产、生活全方位的服务，它已融入到日本、韩国农民的生产生活中。本章将对日本和韩国的农业协同组合进行详细介绍。

第一节 日本的农业协同组合

一、日本及日本农业概况

(一) 日本简介

日本是我国的近邻，位于太平洋西岸，为亚洲国家。日本位于亚洲东北部，是西太平洋中的一个岛国，其领土由北海道、本州、四国、九州四个大岛和许多小岛组成。根据相关资料，日本共有海岸线在 100 米以上的岛屿 6852 个，如果再加上海岸线在 100 米以下的岛礁，日本的岛屿就更不计其数。另外，日本是一个山多、平原少的国家。日本列岛上可谓群山叠嶂，山地和丘陵加起来约占国土的 80%。日本最高的山是富士

富士山

山，海拔3776米，山顶终年积雪，山势巍峨挺拔，是日本人引以为豪的国家象征。在经济方面，虽然近十多年来一直不景气，但日本依然是当今世界上仅次于美国的经济大国。日本经济的强大主要是由于其工业非常发达，主要工业部门有电子、钢铁、汽车、电机、造船、石油化学、纺织等，工业产值占工农业总产值的90%。日本的造船吨位长期位居世界首位，有“造船王国”之称，此外，纺织工业和电器电子工业在工业中也占有一定地位。日本以工业发展为龙头，带动了商业、运输业、服务业等的发展，还形成了“京滨工业区”、“阪神工业区”、“中京工业区”、“北九州工业区”、“濑户内海工业区”五大工业区。

（二）日本的农业

日本国土中大部分地方为丘陵和山地，因此日本的农村表现出山多地少的特征，农村的耕地大多比较分散，集中连片的较少。日本全国的耕地面积约为487万公顷，约占国土面积的12.9%。同时，日本从事农业的人口较少。2003年，日本的农业从业人口为266万人，而全国的总劳动力为6666万人。

日本农业基本上是以家庭为单位的小规模经营，农林牧渔业在日本经济中只占很少的份额。日本的主要农作物有水稻、小麦、豆类、薯类等，经济作物有蔬菜、水果、花卉等。稻米是日本的主要农作物，稻田面积约占全部耕地面积的一半，丘陵地区种植桑和茶。日本农产品的自给率很低，生产的农产品不够国内消费，如大豆、小麦、大麦及其他杂粮的自给率不足10%，自给率在70%以上的仅有大米、牛奶和奶制品等少数品种。在农产品中，基本能够保障自给自足的是大米。但是，日本的国

产大米很贵，高于国际市场的平均价格。此外，日本四面临海，海洋渔业也发展得不错，常年捕鱼量在1000万吨以上，位居世界前列，北海道的函馆和本州的下关是最大的渔业基地。

日本农业已经实现了较高程度的现代化，主要体现在农业机械化上。为了适应农业生产经营的需求，日本的农业机械化从20世纪50年代以来得到迅猛发展。目前，日本农业机械在生产中的应用已经非常普遍，节省了很多人力，如每公顷土地的用工量由1965年的141个减少到1997年的36.8个。作为日本主要农作物的水稻，其生产的每个环节均已实现机械化。目前，日本的农业生产经营有几个明显的特点。第一，农户以兼业化经营为主，即农户不单纯地从事农业，而是从事包括农业在内的多种行业，兼业农户占总农户的80%以上。第二，日本农业劳力中60岁以上的老人较多，占到一多半。第三，日本农户的户均耕地面积少，平均不足1.5公顷。

在日本农业实现现代化的过程中，日本的农业协同组合起了很大的作用。日本农业协同组合属于农民合作经济组织，是农民联合起来以互相帮助为精神，以发展农业和提高收入为目的的农民联合组织，它的作用是指导农户有计划地进行生产、为农户提供各种服务并引导农户进入市场。农业协同组合的工作涉及到农产品生产、加工、销售等各个环节，为农民提供了许多便利。通俗地讲，农户自己能办到的事，农业协同组合能为农民办得更好；农户办不到的事，农业协同组合也能为农民办到。例如，农户若是单独靠自己的力量去卖农产品，顶多把农产品卖到小卖店、农贸市场，而农业协同组合则可以帮助农民把产品卖到大城市中的超市，同时农业协同组合还能为农民加工农产品，帮助农民赚到更多的钱。诸如此类，日本农业协同组合已经深入到日本农民的生产生活，为日本农村的发展起到重要作用。

二、日本农业协同组合的发展历程

日本农业协同组合成立于1947年，其产生与第二次世界大战有关。1945年，占领日本的美军对日本的封建土地制度进行了变革，出台了《农地改革法案》。这次的改革把原来由大地主拥有的大片土地无偿地分给广大农民，农民拥有了属于自己的土地，于是每家每户开始了独立的家庭经营。第二次世界大战结束后，日本作为战败国，遭受了巨大损失，尤其是农村和农业遭到很大的破坏。为了振兴农村经济并稳定土地归农民所有的状态，政府颁布了《农业协同组合法》，通过法律的形式确定了农业协同组合的地位，从此日本农业协同组合正式成立。

《农业协同法》的宗旨是“促进发展农民的合作组织，提高农业生产力和农民在社会上的政治地位，同时促进国民经济的发展”。在这一宗旨带领下，日本农民积极参与并组建农业协同组合，期望它给农民带来经济上的利益和社会地位的提高。从1947年法律颁布到1950年，短短3年之间，日本各地涌现出4000多个基层农业协同组合，90%以上的农民都加入了农业协同组合。农业协同组合坚持为农民服务的宗旨，不以营利为目的，帮助农民进入市场，因此得到了广大农民的拥护和踊跃参与。由于农业协同组合给农民带来很多好处，如集中提供购买生产资料（种子、化肥、农药等）服务、降低生产成本、增加农民收入等，因此农业协同组合一直以很快的速度发展，数量越来越多，同时规模也越来越大。众多农业协同组合中，不仅有大量直接与农民打交道的基层农业协同组合，同时还涌现出县级农业协同组合和全国性农业协同组合等跨区域农业协同组合；既有具备多种功能的综合性农业协同组合，也有专门从事某一行业的专业性农业协同组合。到了20世纪70年代，日本农村在整体工业化的带动下也得到了深刻发展，如专业化生产形成、机械化程度得到提高等。在此情形下，农业协同组合从事的行业也更多，大部分农协增加了保险业务、信用业务、指导业务等，适应了经济形势的变化。从20世纪50年代到70年代，农业协同组合已经在全国范围内形成一个巨大的网络，覆盖了农村各个角落，几乎所有的农户都参加了农业协同组合。

但是从20世纪80年代开始，农民从事其他行业的人数增加，一些农村劳力从农村转移到城市，农村青年劳力逐步减少。同时，农协面临的经营环境也更为复杂。于是，为了提高农协的效益，更好地为增加农民收入服务，原来存在的众多基层农业协同组合开始进行合并。1990年，全国基层综合农业协同组合已经由1961年的12050个减少到3574个。在农业协同组合合并和数量减少的同时，相应单个农业协同组合的规模就在不断扩大。

近几年，农业协同组合面临的经营环境日渐复杂，如农产品贸易自由度逐步提高，对日本国内的农产品市场带来巨大挑战；老年人在日本农业就业人口中占的比例较高。一系列因素致使日本农业面临着挑战和危机，因此近年来日本政府和农业协同组合系统都在积极推动着改革。农业协同组合方面的改革主要表现为农协合并力度更大，如综合农业协同组合已从1990年的3574个减少到2003年的952个。另外，农业协同组合在经营和职能上也会做出一些改变。但日本农业协同组合已经历了60余年的发展历史，如今仍是在日本农村广泛存在的农业合作组织。

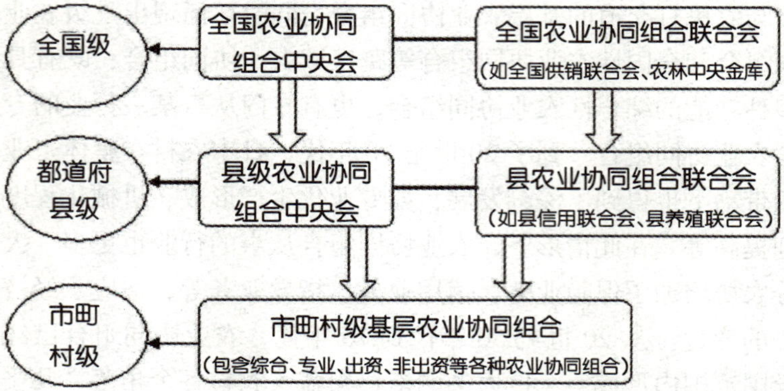

三、日本农业协同组合的机构设置及运行

任何一种组织一般都由上下几级机构组成，日本农业协同组合也不例外。日本农业协同组合是一个由三级构成的组织，这三个级别分别是市、町、村级，都、道、府、县级和全国级。

◎说明——日本的行政区划

日本的行政区划由都、道、府、县和市、町、村两个层次组成。都、道、府、县是日本47个省级地方政府的统称，相当于我国的省级，其中“都”指东京都，“道”指北海道，“府”指京都府、大阪府，“县”指余下的43个县，它们行政权限上没有多大区别，名称的差别是由于历史原因形成的；日本的“市”与我国的“城市”差不多，“町”则相当于我国的“镇”，“村”的含义与我国差不多，但日本的每个村都是一个地方政府，其负责人和工作人员也都是地方公务员。在日本，市、区、町、村四者的行政地位是平等的，没有领导和被领导的关系，只是它们的规模差距较大，如一个市的人口平均可达几百万，而一个村的人口一般只有几百人。

市、町、村级的农业协同组合称为基层农业协同组合，它们面向基层农民的生产和生活直接开展服务，广泛深入底层农村，主要面向农民开展销售、购买、信用、卫生等业务。县级的农业协同组合包括县中央会和各种县联合会，县中央会负责对下属的所有基层农业协同组合进行管理、监督和行政指导，相当于基层农业协同组合的上级领导；而县联合会则是按照业务种类设立的组织，如县信用联合会、县供销联合会、县养殖联合会等，这些组织对基层农业协同组合不具备领导和监督作用，主要是对基层农业协同组合进行业务上的支持和协调。全国级的农业协同组合与县级农业协同组合基本上是对应的，包括以行政指导为中心的农业协同组合全国中央会和以特定业务为中心的各种全国联合会，如从事合作金融事业的农林中央金库、从事供销事业的全国供销联合总会等。全国级农业协同组合与县级农业协同组合的区别在于，全国级农业协同组合可以跨越县别之间的界限，从整体上协调各县级农业协同组合之间的关系，同时全国级农业协同组合还可以代表广大农民参与农业政策的制定，因此全国级农业协同组合是农业协同组合的最高机构。

从经营业务种类的多少来看，日本农业协同组合分为综合农业协同组合和专业农业协同组合。综合农业协同组合的业务范围包括为农业的产前、产中、产后多个环节开展服务，其服务内容通常包括农业生产指导、供应生产资料、农村信贷、农产品销售、农村卫生事业等方面。而专业农业协同组合则是专门从事一种业务活动的农协，业务范围一般集中在畜牧业、养殖业、加工业等领域，常见的专业农业协同组合有养鸡专业农业协同组合、养牛专业农业协同组合、加工专业农业协同组合等。专业农业协

农业协同组合开会的场景

同组合往往也为农民的某种生产经营活动提供全程服务，如进行生产技术指导、统一购买生产资料、销售产品等。例如大分县酪农业协同组合是日本的一个基层农业协同组合，主要以养牛为主，平均每户饲养66.3头牛。它也是综合性农协，综合从事生产指导业务、购买业务、信用业务、销售业务等，为会员提供全面的服务。

从农民参加农业协同组合时是否交纳股金来看，日本农业协同组合分为出资农业协同组合和非出资农业协同组合。出资农业协同组合是指农民必须向农协交纳一定数量的入股资金后，才可以成为农业协同组合的成员；而非出资农业协同组合则是指农民加入时不以交纳入股资金为条件。日本农业协同组合中的大部分都是出资农业协同组合，这些农业协同组合往往实力雄厚，规模相对较大，可以从事的业务范围也比较广。而非出资农业协同组合由于没有股金，往往资金实力差、规模较小、业务范围也受到限制，如《农业协同组合法》不允许非出资农业协同组合开展信贷和保险方面的业务。

日本农民参加农业协同组合必须具备三个条件：在农协辖区范围内居住，在本辖区内有土地，每年参加劳动不少于90天。具备这三个条件，才可以成为农业协同组合的正式成员，才有代表权和选举权；如果只具备前两个条件，则只能取得准成员资格，没有表决权和选举权。另外，非农民社员不能担任农业协同组合的领导职务。日本农业协同组合的宗旨是“农民需要什么就经营什么，农民需要什么服务就提供什么服务”。日本农业协同组合和农民的关系不是单纯的买卖关系，而是合作的关系。农业协同组合的口号是“一人为万人，万人为一人”，在此基础上，日本农民都很拥护农业协同组合，目前绝大部分农民都加入了农业协同组合组织。

四、日本农业协同组合为农民提供的服务

日本农业协同组合的基层机构深入农村内部，和农民生产、生活紧密联系在一起。农民参加农业协同组合，可以享受到农业协同组合为农业生产提供的产前、产中、产后一条龙的系列服务，如农业协同组合统一为农民购买生产资料、进行生产技术指导、提供信贷资金、销售农产品等，这些活动降低了农民的生产经营成本，可以引导农民更好地进入市场，为农民带来了极大的便利。另外，农民加入农业协同组合后，还可以享受到社会保障、文化、医疗等多方面的生活服务。以下从几个方面来具体介绍日本农协为农民所提供的服务：

（一）农业协同组合为农民统一购买生产、生活资料

日本农业协同组合统一为成员购买各种生产资料，主要包括：种植业生产所需的种子、农药、肥料等；畜牧业生产所需的饲料、幼畜、兽药等；另外还包括农机设备、燃料、包装材料等。农业协同组合对大宗生产、生活资料的购买，是从基层到全国的逐级提报订货计划，统一向工厂订货，货到付款。统一订货的化肥占 90%、农药占 79%、农机具占 78%、农用汽车占 69%、燃料占 80%、饲料占 70%。购买活动的具体过程是：基层农业协同组合首先面向农民统计购买意向，即农民把所需生产资料的品种、规格、数量等信息报给农业协同组合；农业协同组合将统计的信息进行汇总整理后，与销售商进行联系协调，统一为有需求的农民购买生产资料，购买发生的费用（运费、保管费等）则由农民按照购买量进行分担。这种统一的合作购买活动，把分散农户的购买活动集中到一起，可以通过量大从优来降低购买价格，从而降低各项费用，为农民节省成本、提高利润。另外，农业协同组合为农民购买生产资料的活动，与其生产技术指导活动

紧密相关。农业协同组合通过有组织地购买生产资料活动，可以指导农民更有效地进行农业生产，例如农业协同组合可以帮助养殖农户确定合理的饲料品种和数量、帮助种植户正确选择所需的农药。而且，农业协同组合作为大型的组织，掌握着大量市场信息，可以弥补农民信息闭塞的缺点，使农民在基层也可以及时了解市场上的产品信息，确保他们在购买活动中居于有利地位。

（二）农业协同组合向农民提供农业设施的使用服务

农业设施的合作使用，是指参加了农业协同组合的农民有权按照一定的方式对农业协同组合拥有的生产设施进行共同使用，例如各种大型农业机械、农产品加工设施、运输工具、农产品分选设施、贮藏设施、育苗育秧设施、收割机械等。农业设施往往价格较贵，单个农户没有能力购买，也没有能力进行管理，因此农业协同组合往往统一购买一些大型农业设施作为农业协同组合的共同设施。加入农业协同组合的农民，只需要向农业协同组合缴纳一定手续费就可以使用这些设施，从而给生产带来很大的方便。农业协同组合向农民提供农业设施使用时，与市场上提供的设施使用业务不同，表现在实行低收费原则、不以营利为目的。例如，大米是日本主要的农产品，农民对收获的大米进行加工、保存是一项必要工作，因此大米加工贮藏中心发挥着重要作用。农民将稻谷交到农协后，大米加工贮藏中心对稻谷集中进行高效的加工，避免了农民单独地进行繁重的脱粒程序；另外，中心还采用科学办法对大米进行干燥和低温储藏，这可以使农民方便地储藏大米并能以更好的价格销售到市场上。北海道江别市瑞穗馆就拥有稻米烘干车间，这是江别市农协于1998年投资10亿日元创立的一个现代化工厂。车间采用了利用稻糠烘干稻米的高新技术，效果接近自然风干。工厂还配有一套自动识别设备，可以同时分选出各个等级的大米。农业协同组合使用这套设备后，解决

了单个农户无法进行筛选的难题。由于日本的市场对大米非常挑剔，不同质量等级的大米差价非常大，因此农户的稻米可以使用瑞穗馆的设备进行分级和精加工后之后，大多都以高价销售到外地。

日本消费者对蔬菜和水果的质量也比较重视。如果蔬菜有疤痕或硬伤，人们一般不都愿意购买，加工厂也往往将其视为不合格产品淘汰。为此，日本的许多农业协同组合都建有蔬菜和水果自动筛选车间。如日本的龟田农业协同组合投资建有蔬菜水果自动筛选车间，可以对各种蔬菜进行筛选和分类。它们把大葱、马铃薯等都按品质分成几个等级，经过脱水处理、装箱包装后，再用冷藏保鲜车把产品运到各地的市场进行销售。

（三）农业协同组合为农民提供生产指导服务

农业协同组合中从事生产指导活动的机构有专门性指导机构和综合性指导机构。专门性指导机构是针对农业生产部门分别设置的指导机构，针对不同生产部门分别设置不同的指导机构。这样的机构分工较细，人员较多，因而常见于规模较大的农业协同组合中。综合性指导机构不按生产部门进行分工，而是将各方面的生产指导内容包含在一个指导机构中。这种指导机构比较简单，所需指导人员也较少，但是指导力量比前者弱，因此常见于规模较小、业务范围窄的农协。

农业协同组合中专门有技术指导人员为农民提供生产指导服务，解决农民生产中遇到的各种问题。平均每个农业协同组合约有 3~5 位指导人员，这些指导人员要具备良好的理论知识和实践技能，要能对所负责的指导事业胜任。在农业生产活动进行前，农业协同组合指导人员会调查市场信息，包括种子、生产技术、市场行情、资金等多方面信息。指导人员综合分析所得到的信息后，帮助农民合理编排生产计划，从而可以避免农民盲目地进行生产。实际生产活动中，指导人员还对农民进行生产技术上的指导，如介绍有关农作物栽培管理、农作物施肥、家畜饲养等方面的科学技术，向农民传授其他地区的先进经验，从而帮助农民提高农作物产量和质量。另外，农业协同组合还会帮助农民对产品有效地进行加工、储藏、包装等，通过这些措施提高产品的价值，帮助农民更好地在市场上获利。

可见，从选择品种、育苗、农田管理、养殖牲畜直至收获产品、加工产品、销售产品的整个过程中，农民都可以得到农业协同组合提供的指导。因此，农业协同组合的生产指导活动，全面涉及了农业生产活动的产前、产中、产后各个环节，对农民的各项生产活动都进行了指导。

（四）农业协同组合为农民提供农产品销售服务

对农业协同组合成员生产的农产品进行合作销售活动，将农产品有效地投放到市场上，是农业协同组合为成员提供服务的一个重要方面。农业协同组合开展合作销售活动的主要农产品有大米、蔬菜、水果以及牛肉、猪肉、乳制品等产品。农业协同组合开展农产品合作销售活动时，先将各农户生产的农产品集中起来，对这些农产品进行品质检查和规格分类后，再统一销售到各种批发市场、超级市场等。

农民收获了农产品之后，将农产品委托给农业协同组合进行销售，这种委托销售的方式是农业协同组合与农民进行合作销售的最常见方式。农民在委托农业协同组合为他们销售农产品时，可以限定最低售价和出售期限等，这种委托称为有条件委托；农民也可以不附带任何销售条件，将农产品的销售完全委托给农业协同组合处理，由农业协同组合替农民确定销售价格、数量等，这种委托称为无条件委托。在农业协同组合的合作销售实践中，

无条件委托的方式比较多见，因为无条件委托使整体的销售活动变得更容易进行，农业协同组合可以大规模地进行销售、谈判，减少分散销售的费用。销售过程中发生的各项费用（如运费、储藏费、管理费等），由农民按照一定方式负担。前面已提及，农业协同组合体系由国家、县、村三级机构组成，因此合作销售活动也依托这三级机构，通过基层、县级、全国机构的综合协调，在更大的范围内有效地进行农产品流通。

◎ 日本农业协同组合对农产品实施“身份”管理

2003年，日本全国农业协同组合中央会决定，在2006年底之前对通过全国农业协同组合上市的肉类和蔬菜等所有农产品编排识别号码，实施“身份”管理制度。

“身份”管理即是把农产品编上号码。当把农产品运到零售商店进行销售时，商店必须标明该产品的名称、产地、生产者、使用过的农药名、使用农药的浓度、使用农药的次数、使用农药的日期以及收获日期、上市日期等具体数据。此外，农业协同组合中央会还把这些具体的数据在因特网上公布出来。消费者可以通过上网，清楚地了解和确认农产品的相关信息。

（五）农业协同组合提供农产品的加工服务

农产品加工可以提高初级农产品的附加价值。农民如果直接出售生产出的原始农产品和畜产品，如大米、蔬菜、水果、牛羊肉等，往往只能卖到较低的价格，而将这些农产品、畜产品进行

加工稻米的相关设施

加工后，往往能以比原来高很多的价格卖出去，农民可以从农产品加工中获取更多的利润，因此农产品加工很受农民欢迎。如日本的北海道·北竜町农业协同组合，以发展低农药的水田农业为主，町内现有 257 户农户，主要以种植稻米为主，他们种植时只使用少量的农药。农业协同组合为农民提供稻米的加工服务，加入农业协同组合的农户可以合作使用这些设备，对稻米进行加工处理。

（六）农业协同组合为农民提供存款、贷款、结算等服务

合作金融活动是农业协同组合活动的一个重要方面，是农业协同组合以资金方式支持农业生产和农民生活的活动。同时农业协同组合的合作金融机构也是日本农村最重要的金融机构，在农民的生产生活中居于重要地位。农业协同组合金融事业以接受会员的存款和提供农业生产、生活贷款为主要业务，另外也进行转账结算、贴现票据、债务担保等业务。日本农业协同组合合作金融面向农民提供的金融服务主要可分为存款服务、贷款服务、结算服务三类，具体如下：

存款服务的种类主要包括普通存款、定期存款、结算存款、专项存款、综合存款。其中，结算存款用于农户生产活动方面的账务结算和处理，一般不计利息，结算方式可用异地汇兑、支票转账等。农业协同组合与农户之间的经济往来通过结算存款账户进行，农产品在完全委托方式下被出售出去后，销售收入首先被转入结算账户，农业协同组合从中扣除农家的各种未付款和各种

共同费用之后，剩下的部分则为农户的农业收入。专项存款是用于应付各种特殊需要的农户资金储备，如子女教育存款、医疗专项存款、购置住宅存款等，可引导农民有计划地进行资金运用。综合存款集上述各账户的功能于一体，是一种综合多功能账户。

贷款服务的种类主要有：用支票、期票、汇票等进行信贷的票证性贷款、以一定的财产或土地作为担保条件的抵押性贷款以及结算性贷款。结算性贷款指农民在购买了农业生产资料而未来得及付款时，账户上出现的一种挂户现象，可以理解为农业协同组合向农户提供的一种短期信贷，结算性贷款在农业贷款中占有很大的比重。

农协的结算服务与存款、贷款业务一起构成农业协同组合的基本业务活动，目前主要包括普通汇兑、电信汇兑、支票转账、托收承付等种类。前述的结算存款和结算贷款也具有结算性质，与结算服务融合在一起。

综合可见，日本农业协同组合的金融业为农民提供的金融服务不仅满足了农民基本的存款、贷款及结算需求，还通过这些活动把农户的生产、生活活动全面纳入到农业协同组合的合作体系中。其中，结算存款和结算贷款颇具特色。结算贷款服务中的结算性未付款很好地满足了农民因生产周期带来的资金需求，而结算存款账户则直接将农民的销售收入入账并扣除掉结算贷款账户的非付款。另外，农业协同组合的其他部门在向农民提供购买生产生活资料、销售农产品等产前产后的各项服务时，农协金融部门方便地为这些活动提供结算和资金融通服务，加快了资金周转速度，灵活地满足了农户的需求。

（七）农业协同组合为农民提供保险服务

农业协同组合合作保险的参加者是农民，这是农民为了保障生产和生活上可能遇到的风险而进行的一种互相保障活动。农业协同组合合作保险的资产来源于参加农民的出资，是农民的共同财产。它与一般商业保险的不同之处在于：保险资金留在农协保险系统内，资产运营带来的增值也属于成员共同所有；另外，农业协同组合合作保险业务不以营利为目的，注重社会保障功能，不向农民收取高额的保费，并在农民遭遇灾害时尽可能地给予他们经济补偿。这些都是一般的商业保险做不到的。

农业协同组合开展保险业务的部门也分为三级，即基层农业协同组合的保险部门、县保险联合会、全国保险联合会，三级机构合理分工，分别担负不同的责任。首先，农民向基层农业协同组合投保，签订保险合同，之后基层农业协同组合用部分保险费向县保险联合会投保，县保险联合会再用部分保险费向全国保险联合会进行投保。县保险联合会和全国保险联合会还担负着一定的管理和指导职能。

农业协同组合开展的保险品种主要包括养老金支付保险、终身生命保险、住宅建筑保险等长期保险和汽车、火灾、伤害等短期保险。农民可以根据自己需要选择一定险种进行投保，以避免灾害给自身造成巨大损失。

（八）农业协同组合为农民提供生活、医疗服务

农业协同组合不仅全面支持农民的生产活动，还深入到农民的生活领域，为农民开展生活方面的服务。

农业协同组合为农民提供的生活方面的服务主要包括：(1)购买生活用品服务，如食品、日用品、电器等，购买方式主要有计划购买和商店销售。计划购买，指农业协同组合预先统计农民的需求，待需求数量达到一定规模后，农业协同组合再向厂家或批发市场进行统一购买；商店销售则是指综合农业协同组合通常都开设商店，向农民供应各种零碎日杂用品、食品等。(2)为农民提供合作使用的生活设施服务，如发电设施、食品加工设施、

体育活动设施、文化娱乐设施等。这些设施往往造价较高，不适宜农民单独购买，因此农业协同组合购买后供成员共同使用；(3)为农民开展生活咨询服务，如指导农民进行财产管理、给予消费指导、接受农民各方面的咨询、给农民开展各类业余活动等。

农业协同组合为农民提供的另一项重要服务是合作医疗服务。农业协同组合合作医疗活动主要是为农民开展卫生保健服务，治疗农民常见病症，从而保障农民的健康。农协合作医疗活动的主体是县级合作医院，其经营不以营利为目的，主要宗旨是为农民服务。合作医院是农村卫生保健活动的中心，为农民提供基本的医疗卫生服务，传播医药常识，增进农民身心健康。农业协同组合为农民提供的医疗活动主要包括治疗活动和预防活动。治疗活动是指农业协同组合对其成员所患疾病进行的治疗工作，而预防活动是对农业协同组合成员在生病前进行的预防工作，如定期体检、健康教育、事前预防等。

五、日本农业协同组合的案例

这一部分 将通过案例介绍，直观地说明日本农业协同组合的相关情况。

（一）日本鸟取县东伯町农业协同组合

1947 年 11 月，日本颁布《农业协同组织法》后，东伯町的农业协同组合在政府发展农协的潮流中成立。当时，日本农业协同组合组织规模还非常小，如东伯町的小鸭农业协同组合只有 41 家农户参加。1965 年，日本公布了《农协合并助成法》，政府鼓励和促进农业协同组合的合并。当时东伯町有八桥、浦安、下乡、上乡和古布庄等 5 个小规模的农协，小规模农业协同组合受资金和实力的制约，在组织销售、购买等方面遇到的困难很大。

于是，在《农协合并助成法》的推动下，通过协商，这5个协会在1965年12月合并成为现在的东伯町农业协会。

东伯町农业协同组合的管理机构有总代会、理事会、监事会。其中，最高权力机构是总代会，由各村民小组选举产生的代表组成，具体工作包括：讨论和通过协会的年度报告和年度决算；认可新的年度计划和预算；讨论当年的议案；选举和任命协会的行政管理人员。理事会是农业协同组合总代会的常设机构，具体工作是决定协会经营的基本方针，并把具体工作交给农协组合长去执行。协会组合长由总代会任命，他的职责是对协会进行具体管理，如同村委会中的村长。监事会的作用是对理事会和协会组合长的工作进行监督。

东伯町农业协同组合主要包括以下几个部门,为农民提供服务:

(1)农业振新部：主要是为成员农户提供种植业的产前和产后服务。例如育秧中心为全协会农户提供培育出的秧苗和机械化插秧等服务；协会大米中心为会员提供收割、烘干、脱粒、进库和销售等全程服务。

(2)畜产部：包括肉鸡、牛肉和猪肉等畜禽的一体化经营，提供养殖、屠宰、加工、流通、销售等全程服务。以肉牛的一体化经营为例，东伯町肉牛生产的方式是：由农协成员分户养殖肉牛，其余工作由协会通过一体化经营方式来完成，具体包括繁育种牛，繁殖小牛、育肥架子牛、屠宰、加工和销售。同时，农业协同组合配备这些活动的公共设施和设备，包括小牛繁殖中心、小牛哺乳中心、奶牛中心、育肥牛试验场、草场、屠宰加工厂和牛肉销售店等。其中，繁育中心的主要任务是采用人工授精或者胚胎移植等方式快速繁殖优良的黑毛和牛，为农户提供优质的种牛；哺育中心主要是哺育繁殖中心送过来的未断奶的小牛，同时还向牛奶生产农户购买小公牛或杂交牛，把小牛饲养到9个月以后，作为架子牛卖给育肥农户或者是町的育肥试验场；东伯町育肥牛试验场是农业协同组合自营的育肥牛场，共有6栋育肥牛舍，这些牛舍都装备了带有电脑控制的自动喂饲机设备；东伯町农业协同组合下属的东伯町食品贩卖株式会社，则负责把牛肉销售到大超市以及该农协在各地的牛肉直销商店。东伯町农业协同组合在鸟取县内设有三家牛肉直销商店，在大阪建有两座畜产品的储存和转运站，通过转运站向在京都、大阪和神户的牛肉直销商店转运东伯町的牛肉和肉制品。

(3)农产品加工部：主要为农户加工农产品，致力于提高农产品价值，如酱菜加工厂收购协会成员的萝卜，制成酱菜，然后直接销往市场。

(4)水果部：用公司化模式组织农户种植梨，为农户提供技术指导、储藏、销售等一条龙服务，其中"二十一世纪梨"是东伯町农协的代表性水果产品。

(5)信用和保险部：农民可以把多余的钱存在信用部门获取利息，同时也可以在资金周转不灵时从信用部获得贷款；农业协同组合的保险部还为成员提供保险服务。

(6)指导部：包括技术指导和经营指导两部分。农业协同组合除了自己的技术人员以外，还同国立和县立大学、研究所建立密切的联系，使成员也可以获得这些科研院校的生产技术指导；经营指导包括指导农业协同组合会员如何记账、如何合理避税以及如何有效地使用资金。

(7)一些相关公司：随着农业协同组合生产和销售规模不断扩大，协会利用积累的资金创建了两个由协会直接控股的公司。其中之一是东伯振兴株式会社，该会社经营项目有兄弟购物中心、鸟取肉鸡加工厂、鸟取车站连锁商店、大阪物流中心、岛根营业所。其中兄弟购物中心是设立在町内的零售商店，主要销售生活用品；鸟取肉鸡加工厂是肉鸡加工处理工厂，主要满足大阪和京都地区的需求；鸟取车站连锁商店设立在鸟取县各车站附近，销售东伯町生产和加工的牛肉、鸡肉、猪肉等肉制品；大阪物流中心把鸟取县的农产品、畜产品和水产品配送到日本关西地区的各大超市；岛根营业所为协会成员提供综合服务，包括销售农畜产品、食品、衣服、日用品，买卖房地产以及贷款和保险业务。

农产品和畜产品是东伯町的主要产品，因此以上这些部门中，农业振新部和畜牧部是东伯町农业协同组合的两个最重要部门，它们为成员提供种植业和养殖业的一体化经营服务；其他部门则为成员提供其他方面的生产生活服务。

（二）日本北海道洞爷湖农业协同组合

北海道洞爷湖农业协同组合是最基层的一级农业协同组合。它由洞爷湖地区五町三村的600多个农户自愿参加组成，属非营利性组织。洞爷湖农业协同组合改建于1987年，负责人为理事长，理事长先由各町、村推选候选人，然后经会员大会民主选举产生。

洞爷湖农业协同组合的经营宗旨是促进农业生产发展，促进农民收入提高，保障农民生活稳定。农业协同组合为农民提供的主要服务有:(1)帮助农户采购种子、化肥、农药等生产资料以及推销农产品。现所辖会员生产的农产品，70%以上是委托协会运到各批发市场销售的，协会根据不同品种向农户收取不等的手续费，费率一般在1.5%~5%之间。2003年，洞爷湖农业协同组合为农户销售蔬菜、水果、粮食和肉类等农产品共计50亿日元。(2)为农户代办生产性贷款和各类保险。日本农业协同组合系统有自己开设的银行，每个农户最高可获得抵押贷款600万日元。(3)代表农民向政府谏言献策，为农民争取政策支持并保护他们的利益。(4)为农民开办公共福利事业，如开办了医院。

目前，洞爷湖农业协同组合有正式员工 100 多人。农业协同组合的经费主要来源于三个方面：第一，推销农产品和采购生产资料的手续费收入。第二，会员费和各町、村的补助。每个会员每年向协会交会员费 1.5 万日元，各町、村每年给农业协同组合补助共 6000 万 ~1 亿日元。第三，政府补助，日本政府都会给农业协同组合一定的经费补助，用于搞基本建设。农业协同组合也可以主动向政府申请专项拨款。

第二节 韩国的农业协同组合

一、韩国及韩国农业概况

(一) 韩国简介

韩国的全称为“大韩民国”，与日本隔海相望，位于朝鲜半岛南部，东、南、西三面环海。韩国约有人口 4800 多万，国土面积 9.9 万平方公里，南北长约 500 公里，东西宽约 250 公里，海岸线全长约 1.7 万公里。韩国已进入世界发达国家的行列，韩国的经济是从 20 世纪 60 年代开始高速增长的，其支柱产业是半导体、能源、汽车、造船、钢铁等产业。韩国的工业较发达，主要生产部门有钢铁、汽车、造船、电子、化学、纺织等。韩国浦项钢铁公司是世界第二大钢铁联合企业。2002 年，韩国的钢铁产量 4544 万吨，居世界第五位；韩国的汽车产量 320 万辆，居世界第六位；造船订单标准货船吨数 759 万吨，居世界第一。韩国也是世界十大电子工业国之一，其电子工业以高技术密集型产品为主，半导体集成电路发展尤为迅速。近年来韩国重视 IT 产业，不断加大投入，2002 年韩国 IT 产业出口额达 46.1 亿美元，名列世界前茅。

（二）韩国的农业和农村

韩国有农业人口430多万，约占总人口9%，其农业以种植业、畜牧业为主，其次是水产业和林业。种植业占耕地186.3万公顷，主要种植稻谷、麦类、豆类、杂粮、水果、蔬菜等品种，著名特产为高丽人参。韩国生产的主要蔬菜是瓜类、大白菜、萝卜、洋葱、大蒜、红辣椒等，生产的主要水果有苹果、柑橘、葡萄、梨，另外还有少量柿子、桃等。近年来，韩国的稻谷、麦类、豆类、玉米等传统农产品的种植和产量都有所下降，而蔬菜、水果、花卉和茶叶等经济作物的种植则发展迅猛。畜牧业方面近年来发展迅速，养殖的主要品种有肉牛、奶牛、猪、马、羊、鹿、兔、鸡、鸭等，其中以牛为主，养牛专业户已占到畜禽饲养户的近70%。林业方面，韩国拥有森林约650万公顷，约占陆地面积的65%，森林分布广阔。渔业方面，由于韩国三面环海，拥有得天独厚的地理位置，故水产资源丰富，是世界水产大国之一，水产品也是韩国居民的主要食品。另外，韩国也很重视农业机械和农业科技的运用，已实现农业机械化。在韩国实现工业化的过程中，农业在国民经济中地位逐步下降，但是农业仍是一个重要部门，韩国政府对农业的各项投入近年来不断增加。

韩国农村在20世纪60年代时农村经济落后，农民生活艰苦，居住条件也很简陋。而到了2004年，韩国农村经济已相当发达，农民收入几乎和城市居民收入处于同等水平，这主要得益于1972年韩国政府掀起的轰轰烈烈的新村运动。目前，韩国的农村和城市已没有大的差别，农村公路畅通，农民住着宽敞明亮的房子，露天茅厕全部改为抽水马桶，村里的每一家都安装了“粪便化解器”；韩国农民不再烧柴、烧炭，用水、用电也和城市没有什么区别。实施新村运动时，韩国政府免费向各村提供水泥、钢筋等生产资料，帮助农民安装电灯、自来水，给农村修路架桥，建立村公共浴室和洗衣房等，之后帮助农民发展生产、增加收入。新村运动改变了破旧落后的农村面貌，使农民生活得更好，而新村运动的成功开展离不开韩国农协的配合。

二、韩国农业协同组合的发展历程

韩国农业协同组合是联系政府和农民的桥梁。政府通过农业协同组合管理农业，并对农业协同组合运营进行监督管理；农业协同组合将政府的各项农业政策传达给农民，为农民提供生产生活服务，并向政府传达农民的心声。韩国农业协同组合已成为农民生产生活中不可缺少的组织，对农业发展起着重要的作用。

（一）韩国农业协同组合的成立

韩国农业协同组合（简称“韩国农协”），成立于1961年，是由农民社员集资入股组织起来的民间合作经济组织。韩国农民历来有着互助合作的精神，农业协同组合便是由韩国农民自愿组织起来的互助合作组织，它可以为韩国农民提供各种生产生活服务。

新农业协同组合成立前，韩国也经历了第二次世界大战和日本的侵略战争。战争使韩国的农业受到重创，人们生活困苦，到处呈现荒凉景象。最明显的是大米产量持续下降，不能满足人们的需求量，大米供应严重短缺。在这种情形下，很多商人开始囤积大米并哄抬物价，还有的人放高利贷。农村出现很多问题，如政府以不合理价收购农产品，农村部门不能有效地向农民供应化肥等农业生产资料，农民不能按合理利率得到贷款等。在20世纪40年代时，韩国仅有极少的农户拥有自己的耕地，大部分农户是佃农和雇农。在高利贷猖狂的情形下，农民只好卖掉牲畜和财产来还债，这进一步导致农业生产萧条、农民生活困苦。政府为了改变这种情况，发布了土地改革令，但是土地改革并没有带来好的效果，反而使得农民占有的土地极为分散，在缺少有效农民合作组织的情形下，韩国农民的生产得不到保障和服务，农村依然是原来的情形。为了促进经济发展，解决农村的诸多问题，许多相关人士提出应组建新型农民合作社，带动韩国农村经济的发展。正是在这种情形下，韩国政府决定对农民合作社进行改组。

在政府对合作社进行改组时，事实上韩国已存在一些农业合作社，如包含金融协会在内的农业银行。20 世纪初，韩国出现了金融协会，主要为农民提供信贷服务，后来又扩大到农副产品的收购和销售。1920 年和 1926 年，韩国又出现了农民协会和工业协会，为农民提供生产资料供应等服务，但是由于缺钱，很快就解散了。1956 年，韩国金融协会合并到农业银行，主要开展存贷款等银行业务。次年，韩国农民协会也进行了改革，改名为农业协同组合，向农民提供代购生产资料、销售农产品等服务，但不能从事存贷款等金融方面的业务。经过这些改革后，韩国金融协会成了大型金融机构，不能有效地向农村地区提供存贷款服务，而农业协同组合由于不能从事存贷款业务，赚不到钱，在运营上遇到严重的资金困难。可见，在当时的韩国农村领域内，这些合作组织都不能很好地运营，也不能有效地为农民提供生产生活服务。

针对上述情形，韩国政府于 1961 年颁布了《农业协同组合法》，依法将农业协同组合和农业银行合并，组建成综合的农业协同组合。合并没多久，又在综合农业协同组合的基础上，成立了全国农业协同组合的最高机构——全国农业协同组合中央会。此时，县一级有 140 多个县联合会，在基层村一级有 100 多个专业协同组合和 21000 多个村农业协同组合。按照全国联合会要求，新建立农业协同组合的业务领域涉及各个方面，如供应种子等农业生产资料、进行生产指导、销售农副产品、加工农产品、信贷、保险，等等。于是，韩国现代综合农业协同组合便正式成立起来了。

（二）韩国农业协同组合的发展

在20世纪60年代创建初期，韩国共建有21000多个基层农业协同组合，但是这些农业协同组合实力比较弱小，在经营上出现很多困难，有些业务如供应生产资料、发放农业贷款等都开展不下去，于是这些业务都被转移到县级农业协同组合。基层农业协同组合的主要任务是强调自主自立，并在农村发起“新村运动”，促进农民生产专业化，而此时的基层农业协同组合不能满足农民对农业贷款、农业生产资料供应的需求。

到了20世纪70年代，韩国的经济飞速发展，政府可以拿出更多的钱投到农业上，来扶持农业发展。但是此时，分散的基层农业协同组合仍然无法满足农民生产、生活的需要，不能适应新的形势。1969年~1974年，韩国政府又开始对农业协同组合进行改革，将基层农业协同组合由21000多个合并到1400多个。合并后，基层农业协同组合的规模扩大了，可以经营的业务种类也得以增加，于是原来被县农业协同组合经营的业务又重新划回给基层农业协同组合。

20世纪80年代，农业协同组合正处于发展阶段，主要目标是提高效益和进行基层农业协同组合的自治。这一时期，原来的中央、县、基层三级组织改为中央、基层两级组织，县级组织改为中央的派出机构或办事处，用以加强全国农协中央会和基层农业协同组合的联系。改为两级组织后，基层农业协同组合拥有了更多的自主经营权，不用事事都听上级的安排，可以合理地根据当地情况和农民需求来开展业务、进行管理。这时，社员代表大会变得重要了，农民可以通过代表大会行使自己的权利，发挥主人翁的作用。

随着韩国渔业和畜牧业生产规模的不断扩大，渔业农业协同组合和畜牧业农业协同组合从综合农业协同组合中分离出来，专门开展渔业、畜牧业方面的业务。韩国在农业领域的合作社于是分为三个系统，三者间相互独立，各自都有自己的完善组织，其中农业协同组合的规模和实力最大。分离后，它们的自主性都增强了，其中农业协同组合可以自己决定经营目标，直接为农民开展服务了。到了2000年7月，韩国农业协同组合又进行了一次调整，原先独立的畜牧业协同组合又并入农业协同组合，以解决机构重复设置的问题。

在韩国农业协同组合发展的过程中，《农业协同组合法》也经过了多次修订。最近一次修订的法律是在2004年12月31日颁布，并从2005年7月1日起执行的。伴随着多年的发展，农业协同组合拥有的运营经验越来越多，法律赋予基层农业协同组合的自主经营权越来越大，农业协同组合的管理也越来越民主，如1990年以前，农协中央会长由总统根据农林部长官的提名直接任命，而1990年起则由基层农业协同组合会长和会员直接选举产生。另外，农民也越来越多地参与到基层农业协同组合的事务中了。

◎ 韩国农业协同组合发展过程中的的重大活动

韩国农业协同组合自1961年组建以来，经过四十多年的建设和发展，已成为保护和推动本国农业与农村经济发展的组织，被韩国国民称为“国民的生命库”。在20世纪，农业协同组合在发展过程中经历了60年代的初创期、70年代的开发与扩充期、80年代的跳跃期和90年代的民主自律化时期。

韩国农业协同组合在40多年的发展过程中，实施了十多个重大的项目工程：1966年9月，开展了“新农民运动”，首次选出新农民代表；1964 年 ~1967 年，实施里（村）、洞（街）组合合并 4 年计划；1969 年，单位组合的相互金融业开始起步；1970 年，开始组建单位组合连锁店；1977 年，新村综合开发事业开始开展；1979 年，开始实施中央金融储备工作；1981 年，农业协同组合改编成中央会和单位组合的二元体系；实施单位组合金融储备工作；1988 年，开展新农业协同组合运动；1989 年，直接选举会员组合长；1990 年，直接选举中央会长；1991 年，实施和推动改善农产品流通结构三年计划与加工业发展五年计划；1991 年 11 月，开展反对进口大米千万人签名运动；1994 年 6 月，开始实施改革农业协同组合的工作。（资料来源：李水山的《韩国的农民合作组织和农村金融业》）

三、韩国农业协同组合的机构设置及运行

韩国农业协同组合是联系政府和农民的桥梁，共有上下两级组织，分别是全国农协中央会和基层农业协同组合。全国农协中央会是农业协同组合的最高机构，代表基层农业协同组合与政府对话，并监督、指导全国基层农业协同组合的发展，同时还可以通过它的分会和支会向社员提供各项服务。基层农业协同组合是村级农业协同组合组织，直接为农民服务，可分为综合农业协同组合和专业农业协同组合。专业农业协同组合服务范围较窄，如蔬菜协会、水果协会，它们仅为种植水果和蔬菜的农户提供服务；而综合农业协同组合则可以从事各种业务，为农民提供多种服务，如生产指导、供应生产资料、销售农产品、提供农业贷款、保险等。

韩国农业协同组合是由农民出资的合作社，农民可以根据自己的需求和协会提供的服务来自愿选择是否加入。韩国农民加入农协的条件是：拥有 300 坪（990 平方米）以上土地或拥有房

屋、牛等财产，并且一年之内干满90天农活。由于农业协同组合的运行是自主、独立的，因此协会只有通过优质服务才能吸引更多的会员，使自身获得良好的发展。基层农业协同组合的最高权力机构是社员大会。理事会为执行机构，负责处理农业协同组合的日常事务。农协理事会通常由理事长和理事等7人组成，由会员在会员大会上选举产生，按规定理事长和理事任期不得超过3年。韩国农民加入农业协同组合成为会员，便可以享受农协提供的各项服务。由于农业协同组合可为农民提供全面的服务，给农民的生产生活带来极大的方便和好处，因此各地农民都踊跃加入农业协同组合，对此形象的说法是："韩国只要有农民的地方，就有农业协同组合。"

2003年，韩国农业协同组合在全国范围内从上到下设有1个中央总部、15个地区分部、156个支部、477个支店、232个办事处，按农产品品种设立110个本部、225个支部。另有85个农产品拍卖机构、9个培训中心、4个海外分支机构。此外，农业协同组合还建有农业协作学院、农民报刊、肥料公司、农业合作市场有限公司、畜牧市场有限公司、海外合作机构等，全国90%以上的农户都加入了农业协同组合。由此可看出，韩国农业协同组合的机构遍及全国，农业协同组合通过这些机构参与农产品的生产、流通、加工、消费等环节，为农民生产生活提供各项服务。如农业协同组合在重要城市建有农产品销售市场、拍卖中心等，接近一半的农产品通过农业协同组合系统来进行流通；当农民需要化肥等生产资料时，只需要打个电话，农业协同组合便可以送货给农民；农业协同组合从事农产品的加工，并努力创造名牌，将产品向全世界推广，如韩国的泡菜已走向全世界；农业协同组合还通过培训、接受咨询等方式，把先进的农业技术教给农民，帮助农民提高农畜产品的产量和质量。总之，农业协同组合为韩国农民提供各种各样的服务，给农民带来了极大的便利。

四、韩国农业协同组合为农民提供的服务

韩国农业协同组合在政府的大力支持下，经营内容广泛，为农民提供的服务种类较多，主要包括以下几个方面：

（一）农业协同组合帮助农民统一购买生产资料和生活用品

农民进行农业生产活动时，都需要购买种子、化肥、农药、农业机械等生产资料。在农业协同组合成立前，农民只能零散地从零售商店购买生产资料，而零售商店一般价格较贵且不能保证质量；农业协同组合成立后，开始根据会员的需要，直接从生产厂家或批发部门购买生产资料，再通过农业协同组合的零售网点低价卖给农民。另外，韩国政府控制的重要农业生产资料大多是通过农业协同组合供应给农民的。为了保证化肥供应，农协中央会还直接参与经营大型化肥公司。农业协同组合统一购买大批农业生产资料，既能保证生产资料不是伪劣产品，又能使农民以较低的价格买到相关产品。此外，有的农业协同组合还自己创办生产资料制造厂，向农民出售其产品。

伴随着农村的城市化和工业化，韩国农村的劳力越来越少，因此农民需要使用更多的农业机械，以便有效地进行生产。韩国农协鼓励农民使用农业机械来进行播种、收获、储藏及包装等活动，推动农业生产的机械化。农民可通过农业协同组合便宜地购买到农业机械，同时农业协同组合还教农民怎样使用机械。另外，农业协同组合专门设有农业机械服务中心，为农民提供机械维修服务。目前，向农民供应农业机械已经成为农业协同组合的一项重要业务。农业协同组合既直接向农民出售农业机械，也可以提供给农民购买农业机械的贷款。同时，农业协同组合还拥有一些公共的设备，可供大家共同使用，如仓储设备、车辆、加油

站、大中型生产设施（如育苗温室等），农民只需交纳很低的使用费，便可以使用这些设备。

韩国农业协同组合除了为农民提供生产资料、农业机械外，还向农民供应价格便宜、质量优良的生活用品。开办连锁店是韩国农协为农民提供生活用品的主要方式，农业协同组合直接从厂家进货，再以较低价格卖给农民。韩国农民可以直接从附近的连锁店购买日常的生活用品，既方便，又省钱。

（二）农业协同组合为农民提供各种指导

韩国农业协同组合为农民提供多方面的指导，主要包括生产指导、生活指导、教育培训、信息服务等内容。

生产方面，农业协同组合主要指导农民合理安排生产，如根据市场信息来决定种植什么、种植多少，农业协同组合还帮助农民引进优良的作物品种，从而提高农作物单产。养殖业上，农业协同组合也为农民开展多项服务，如为农民引进优良品种、改进现有品种、提供养殖技术指导，农民可就养殖中遇到的问题向农业协同组合相关部门咨询。指导过程中，农业协同组合很注重向农民推广科学技术，经常通过开展培训、实地示范的方式，把农业科学技术传授给农民，对农业生产起到很好的改善作用，例如济州农业技术研究院向农民传授先进的种植柑橘技术，使济州岛成为韩国著名的柑橘基地。农业协同组合除了提供这些指导，还成立了农民技术大学、指导教育学院和技术交流中心等，有时还组织会员出国考察学习，通过这些手段提高农民的科学技术水平，增长农民各方面的知识。

生活方面，农业协同组合也为农民开展指导，例如指导农民如何更好地安排家庭支出、怎样提高收入。农业协同组合还组建了妇女俱乐部、青年俱乐部等，鼓励他们参与农业协同组合的活动，提高各方面的知识。农民遇到法律纠纷时，由于缺乏法律知识，免不了遇到很多困难，韩国农业协同组合针对这种情况，还为农民提供法律咨询服务。另外，有些农村的医疗条件不太好，农协还为这些农民提供定期体检服务。

韩国农业协同组合还为农民开展教育和培训活动，以便使农民及时了解农业协同组合的各项政策、活动，并及时了解整个国家的农业政策、农业动向。韩国农业协同组合还号召城市居民将旧电脑捐献给农村，农业协同组合统一收集旧电脑后，分发给农民，再对农民开展电脑方面的教育，并在互联网上建立了一个农业计算机信息系统，为农民提供各种信息，例如投资信息、旅游信息、市场价格信息等。农民学会上网后，就可以及时上网来了解这些信息。

（三）农业协同组合帮助农民销售农产品

对于大部分农民来说，出售农产品的收入是主要收入来源，因此以较高的价格将农产品顺利卖出去对农民很重要，而农民最害怕的就是辛苦培育出的农产品卖不出去、砸在手里。韩国农民收获农产品后，其所在的农业协同组合就会为农民统一销售农产品。农业协同组合为农民销售农产品的方式分为两种，分别是自行销售和政策销售。自行销售，是指农业协同组合的销售部门把农民生产的农产品集中到一起，再统一出售给农产品经销商或农协在大城市设立的农产品批发市场；政策销售，是指农业协同组合的销售部门按照政府规定的数量和优惠价格，统一收购农民生产的农产品，相当于农民将农产品出售给政府。随着发展，农业协同组合自身的实力不断增强，自行销售的方式居多。

为了帮助农民将农产品更好地销售出去，农业协同组合在各地成立了批发市场、销售中心、超市、水果分级中心

等机构。在农产品的生产地区，农业协同组合成立了大量的销售机构，包括收购点、水果分级中心、大米加工中心、储藏中心、销售中心等，用来收购、储藏并出售农产品。城市地区往往是农产品的主要销售区，因此农业协同组合也在城市地区成立了大量销售机构，如集贸中心、超市、综合销售中心等。韩国大约一半的农产品都是通过农业协同组合的这些机构来销售的。另外，随着电子技术的进步，韩国农业协同组合还创建了网络商店，如Hanaro因特网俱乐部。消费者可以在网上直接订购产品，俱乐部有5000多种产品供消费者选择。韩国农业协同组合还通过信息网络发布市场价格信息，农民可以利用农业协同组合提供的电脑上网了解市场信息，再决定生产计划。批发市场是农业协同组合销售农产品的一个重要方式，下面将介绍韩国的一个农产品市场。

哈拉诺农产品市场位于汉城市西草区良才洞，属于城郊地区，距市中心约有10多公里路程。这个市场是由汉城农协中央会建立的，建于1995年，占地6万平方米，总投资2100亿韩元。哈拉诺市场包括批发交易和连锁超市，目前已成为韩国企业500强之一。这个市场的管理机构有理事会、代理理事和监察机构，代理理事下面设有粮食流通、青果（蔬菜、水果）、特产加工等6个部，各自具体负责每个市场的日常管理。哈拉诺市场目前共有正式职员450多人，临时工690多人，规模相当大。

哈拉诺市场包括批发交易中心、大卖场（超市）和管理服务用房，各种配套设施先进，配有中央空调、自动化低温冷库、计算机信息中心等。市场上的产品主要是由市场与产区的农协联系。在双方商定时间和价格后，农协将产品直接运到市场上，然后再由市场批发给市区的零售商和宾馆、饭店等，也可以加工包装以后放到大卖场，零售给消费者。目前，市场上的批发交易占到一半多，而零售部分不到一半。为了扶持农业，对于进入该市场交易的农产品，政府和市场不收任何税费。

哈拉诺市场的经营宗旨是“新鲜、安全、满足顾客需求”。该市场经营的产品，80%以上是鲜活农产品，并且承诺鲜活产品都是在 24 小时内从产区运到市场。市场还规定，农产品上市超过 3 天后，不能再用来销售，可以免费送给福利院等慈善机构。为了保证食品的安全，该市场专门设有质量管理室，每天对产品做质量检测。如果发现有不合格的产品，立即销毁，并对供货者给予惩罚。顾客在市场的大卖场购买农产品时，还可以查询农产品的来源和使用农药、化肥的情况。例如，顾客买牛肉时，可以按照包装盒上的编码号，通过电脑触摸屏，查询到该牛的饲养户是谁，该牛何时出生、喂什么饲料、何时屠宰以及所买的肉来自牛的哪个部位。

（四）农业协同组合为农民提供加工农产品的服务

农民如果直接出售生产出的农产品和畜产品，往往只能卖到较低的价钱，例如直接卖掉刚收获的大米、蔬菜、水果或牛、羊等。而假如将这些农产品、畜产品进行加工，制成罐头、糕点、泡菜、各种肉制品，再对产品进行好的包装，往往就能卖到较高的价钱，因此农民也可以从中得到更高的收入。

韩国农业协同组合除了为农民直接销售产品外，还可以对农民的产品进行加工，使农产品得到增值。过去，韩国农业协同组合大多建有米饭加工厂、泡菜加工厂、蘑菇罐头加工厂、果汁加工厂、肉制品加工厂、罐头加工厂等。农协收购农民的农产品后，将部分产品运到这些工厂里进行加工，待农产品被加工成罐头、糕点等成品后，再运到各大市场、商店进行销售。在从事农产品加工的过程中，农业协同组合也开始注重品牌经营，努力创建名牌，有些产品甚至已经卖到国外市场。不过就农业协同组合加工来说，农业协同组合在农副产品加工方面的力量比较薄弱，竞争不过城市的大型食品、肉品、乳品等加工厂，因此农业协同组合从事较多的还是粮食加工。

1. 韩国农业协同组合加工的泡菜

泡菜是韩国的特色食品。在韩国，上自国宴、下至普通百姓的饮食，都离不开五颜六色的韩国泡菜，如魔芋丝、贡菜、胡萝卜、辣白菜。韩国泡菜是一种发酵食品，以韩国的拳头产品白菜泡菜为例，其制法是将白菜用淡盐水腌制，再配以用辣椒面、葱、蒜等作料搅拌成的底料，装在坛罐里发酵而成。韩国泡菜所取的原料都是新鲜的各种蔬菜，含有丰富的维生素和钙、磷等无机物，既能为人体提供丰富的营养，又能预防动脉硬化等疾病。

随着时代的发展，韩国泡菜的制作也不断改进。以前，人们一般将一排排泡菜缸摆放在庭院里、地窖中。到了现在，制作这些泡菜的已经是现代化的泡菜工厂。

韩国青山农业协同组合泡菜厂是世界最大的泡菜加工厂，建筑面积近 7000 平方米，位于韩国京畿道涟川县，每天大概可生产好几十吨泡菜。1991 年，青山泡菜加工厂在农业协同组合中央委员会和政府的支持下建成，投资了 53 亿韩元。该泡菜厂有 5 条生产线，生产的泡菜有十几个品种。青山泡菜加工厂每年要向日本出口 20 多亿韩元的泡菜以及 12 吨日本人所喜爱的甜萝卜咸菜。为了使白菜不变质，而且始终保持鲜嫩，该工厂还建立了 1000 平方米的白菜冷藏库。为了鼓励韩国的泡菜出口，韩国

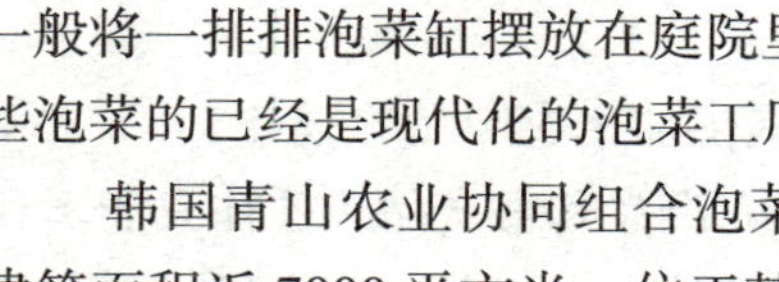

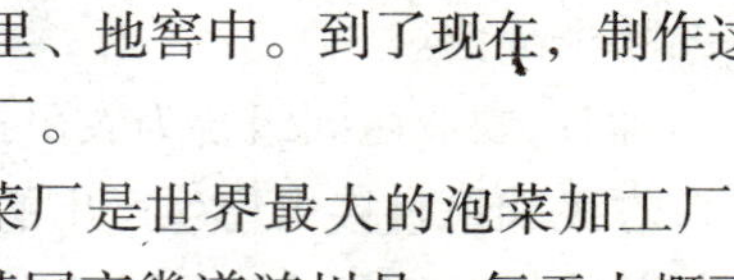

政府不断组织相关力量研究和改善泡菜生产工艺，设立了“泡菜研究事业团”开发新产品、新技术；并且还成立泡菜专门研究小组，向海外宣传泡菜，将泡菜作为出口战略品种推向世界，力争使其成为全球性商品。

2. 韩国农业协同组合生产的柚子茶

韩国农协生产的蜂蜜柚子茶是用蜂蜜调制的柚子茶，简称柚子茶。该产品已经打入国际市场，在我国也有一定的销售，受到大量消费者的欢迎。

生产这种茶所使用的柚子名为黄金柚，是生长在韩国南部沿海地带的一种果实，表皮呈黄金色，果实形状类似于我国的柚子，但果实比我国的柚子小很多。由于生长在特定的地区，黄金柚子拥有金黄色的外皮，芳香扑鼻，体型小却含有丰富的维他命C与天然枸橘酸，另外还含有维他命A、B、P和柠檬酸、有机酸、钙、钾等元素，是美颜和滋补的佳品。

柚子茶以新鲜的柚子为原料，加入蜂蜜，经过恒温窖藏发酵工艺精制而成。产品面世以来，以丰富的营养、独特的口味、浓郁的香气深受广大消费者的喜爱，是一种良好的生活保健食品，目前已经出口到日本、美国、加拿大、印尼等许多国家。在韩国，农业协同组合生产的柚子茶已成为韩国加工食品业出口中居于第一位的产品。

（五）农业协同组合为农民提供存款、贷款等金融服务

在韩国，农民存款和贷款主要是依靠农业协同组合的金融部门。目前，韩国农业协同组合银行在全国已有5000多个分支机构，遍布韩国农村，存款规模在全国银行中排名靠前。农业协同组合银行为农民提供存款、贷款、转账结算等服务，其服务和我国的农村信用社有点类似。同时，农业协同组合银行还是农业协

同组合的重要业务部门，因为农业协同组合银行通过开办金融服务，可以获取很多利润，正是这些利润支持着农业协同组合的正常运转，为农业协同组合开办指导服务、加工服务等创造条件。

加入农业协同组合的韩国农民，可以方便地去农业协同组合银行办理存款、贷款、转账结算等业务。贷款对于农民来说往往比较困难，但是韩国农民并没有遇到贷款难的问题。农业协同组合以低于商业性贷款的利率向韩国农民提供生产、生活急需的资金，便于农民及时购买生产资料，合理安排生产，应付生活突发事件。农业协同组合发放给农民的贷款分为“抵押贷款”和“信用贷款”。“抵押贷款”的贷款额度比较大，一般用于购买农用机械等。农民一般以土地和家庭财产作为抵押，经过一些专门机构的评估后，一般可贷到抵押价值的80%。农民从提出贷款申请到拿到贷款，一般只需5天左右。“信用贷款”额度较小，不需抵押和担保，直接贷给农民，主要用于农民临时急需资金，例如子女上大学、生病等。韩国已经实现了信用档案电脑化，每个人的信用情况都被记录在系统中，例如贷款记录、还款情况等。农业协同组合银行发放贷款时，可以从电脑中查询农民以往的还贷情况，分析该农民是否讲信用。另外，农业协同组合银行还给会员农民提供还贷款的一些便利，例如允许农协会员每6个月交纳一次贷款利息，而不用每个月交一次利息。农民如果遇到自然灾害等特殊情况，到期不能一次还清全部贷款时，农业协同组合允许农民先还清贷款额的10%~15%，剩余部分可延长还款期限。

农业协同组合银行为农民开展的金融服务，满足了农民的存款、贷款需求，避免农民遭受高利贷的剥削，为农民及时融通生产生活资金提供了方便。农民可以利用借来的资金参与一些新型行业、做生意或扩大种养殖规模，通过这些活动增加收入。同时，开展金融服务也为农业协同组合系统带来更多盈余资金，可以更好地支持农业协同组合开展指导、科技推广等服务。

另外，韩国的农业协同组合银行还具有政策性银行的职能。韩国政府为了支持农业生产和农业开发，经常给予农村资金支援，这些政策性贷款都是通过农业协同组合发放给农民的。另外，韩国农民在购买大型农业机械时，也可以从农业协同组合得到优惠的政策性贷款。

（六）农业协同组合面向农民开展保险业务

随着农村经济发展，农民从事的活动种类越来越多，于是可能碰到的灾害也越来越多。遇到自然灾害时，农作物往往会减产，另外农民还可能遇到火灾、交通事故等灾难，这些都会给农民带来巨大损失。如果农民投了保险，则可以得到部分赔偿，减少灾害给自己带来的损失。在韩国，农业协同组合为农民提供了多种保险种类，农民可以直接向农业协同组合投保。

韩国农业协同组合成立后，便开始开展保险业务，1961 年首先开展了火灾和家畜保险，1965 年增加了人寿保险，1975 年又增加了森林火灾保险。伴随着农业协同组合的发展，农业协同组合开展的保险业务种类也越来越多，还开展了医疗保险、农作物保险、汽车保险等品种，农民可以选择自己需要的险种进行自愿投保。农业协同组合向农民提供保险时，只收取较低的保费，一般低于其他商业保险公司的保费水平，并且农业协同组合保险部门还会将盈利返还给农民，如参加了人寿保险的农民，可以按照保费的一定比例得到红利。

农业协同组合通过开展保险业务筹集到了大量资金。一般情况下，农业协同组合仍将这些资金用于农村地区，用来改善农村居民的生活环境、提高农业生产效率等。

第四章　欧洲一些发达国家的农业合作社

第一节　德国的农业合作社

一、德国及德国农业的概况

（一）德国简介

德国的全称为德意志联邦共和国，位于欧洲的心脏地带，它将濒海的西欧和内陆的东欧连接起来，也成为暖和的南部和寒冷的北部的横梁。德国的地形变化颇多，主要由广阔的平原、低伏的丘陵和高耸的山脉所组成，其南部的山脉是阿尔卑斯山的一部分，连绵的丘陵和森林自此向北延伸到北海和波罗的海。德国经济的主要支柱是工业，工业在国民经济中占有重要地位，重要的工业领域有钢铁、采矿、精密仪器和光学仪器、航空航天、纺织和服装、食品工业和造船工业等。虽然国民经济逐年增长，但由于德国的工业技术水平不断地提高，其能耗反而持续下降。虽然德国工业占国民经济的比重下降，不过它仍然反映着德国的经济实力、对外经济交往实力及科学技术的发展水平。近年来，一些传统工业如钢铁、造船、采煤、纺织工业已成为夕阳工业，产量和产值在减少，且造船和采煤工业靠国家补贴度日。而汽车工业、机械制造、化工工业、电工电子业、食品工业则成为德国的五大工业支柱，其销售额占整个工业的一半以上。

（二）德国的农业概况

德国农业在经营上以中小家庭农场为主，80%以上的农场规模小于 50 公顷，只有少许农场的规模在 50 公顷 ~ 100 公顷或 100 公顷以上。德国北部以种植业为主，南部则以饲养业为主。目前全国农用土地 1700 万公顷，农户不足 60 万户，所生产产品的绝大部分用作食品工业用的原料。在农户中，90%农户经营饲养业及普通种植业（谷物、甜菜等），10%农户是葡萄、啤酒花、水果、蔬菜、烟草等专业户。专业户赢利高，但风险也大。普通农户为减少风险，一般同时进行饲养和种植活动。

德国农业体系主要包括种植业、畜牧业、渔业和林业、农产品加工业等。

种植业方面，粮食作物占耕地面积的一半以上。在粮食作物中，越冬作物占 3/4，品种主要有冬小麦、大麦和黑麦、小黑麦等。20 世纪 90 年代以来，玉米种植面积略有增长。德国栽培葡萄的历史悠久，葡萄酒闻名世界。葡萄大多生长在山坡上，其余的生长在山谷或平原地带。莱茵河的上、中游地区及美茵河、内卡河、摩泽尔河的下游及易北河上游地区都是有名的葡萄产区。

畜牧业方面，德国的畜牧业产值占农业生产总值的一半以上。在畜牧业生产总值中，又以养牛业所占比重为最大，养猪业次之，再次是禽类产品。养牛业的收益中，66%来自牛奶，34%来自牛肉和小牛肉。德国普遍采用粗放式的放牧，每百公顷农用面积的牲畜数为 114 头，在欧盟国家中列第六位。

渔业和林业方面，北海是德国最重要的捕捞区。此外，德国还在英国西部水域和北美洲东海岸、波罗的海捕捞。德国现有捕捞船总吨位为 11.84 万吨，大型远洋捕捞船队中，有 13 艘冷冻船和 8 艘活鱼捕捞船，总吨位为 4.06 万吨。同时还有 1600 条渔船从事近海捕捞，其中 250 条船用于捕虾。在波罗的海活动的大约 850 艘近海渔船中，3/4 属梅克伦堡·前波莫瑞近海船队。德国远洋和近海渔业捕捞的种类主要有鲱鱼和鳕鱼，此外还有鲽、鳎及小虾。

德国是欧盟中森林资源最丰富的国家，森林总面积为 1080 万公顷，森林覆盖率为 30%。但德国是木材的净进口国，国内每年生产 3000 万～3500 万立方米的木材，进口 6000 万～7000 万立方米的木材和木材制品，出口 5000 万立方米。

农产品加工业方面，食品加工业在德国国民经济中占有举足轻重的地位。德国从事食品业的大小企业 16.98 万家，从业人员 330 万。

农业对外贸易方面，特点是工商业货物出口的高额顺差和农业、食品业货物的巨额逆差，进口货物几乎是出口的两倍。德国农产品最重要的外贸伙伴是欧盟成员国，美国是其最大的非欧盟贸易伙伴。

此外，德国的农工综合体、产销一体化保证了农业在工业社会中的地位。农工综合体是指农业与其相关联的各行业在生产和分配方面的融合，具体包括农产品加工企业，提供农业生产资料的工业部门，商业批发和零售部门，运输、仓储、包装企业，农业信贷、金融、技术咨询等部门。德国农工综合体主要有两种形

德国农村风光

式：一是以合作组织为直接依托的农工一体化，如畜禽饲养、肉类加工、肉制品销售的一体化；蔬菜种植、加工、销售的一体化等。农场主入股合作社，由合作社统一提供综合服务。二是以合同形式实现生产、加工与销售一体化，即农业与食品业之间建立紧密的市场伙伴关系，双方订立长期合同，农场主按合同向加工企业供货。如甜菜农与糖厂，奶牛农场与奶制品厂，水果、蔬菜和马铃薯生产者与这类产品的加工制造厂之间直接发生关系。而农民所需的生产资料，如良种、饲料、设备、燃料，则由有关厂家按照合同如期供给。

二、德国合作社简介

（一）德国的合作社系统

德国的合作社非常发达，所涉及的领域也不仅仅是农业合作社。德国的合作社系统分为三级，即基层合作社、区域性的合作社和中央的最高合作社。基层社由农场和农民个人组成，地方社由若干个基层社组成，中央社是全德国地方社的集合。赖夫艾森合作社联合会属于国家一级，包括德国赖夫艾森联合会、合作社银行联合会、德意志合作银行、工业合作社联合会和32个全国中心级专业研究所。地区一级包括11个地区审计联合会、38个赖夫艾森中心合作社、3个合作社中心银行、6个专业审计联合会、12个小型工业中心合作社和25个地区专业研究所。基层一级包括3950个赖夫艾森商品及服务合作社、2589个人民银行及赖夫艾森银行和768个小型工业、商品及服务合作社。

地方社可以弥补基层社规模小财力不足的缺点，以优惠的价格大量买进生活和生产资料；还可以集中基层社的农副产品，在市场上形成批量优势。中央社的社员是全国的地方社，在业务上中央社与地方社联系紧密，还可以对地方的区域性合作社进行专

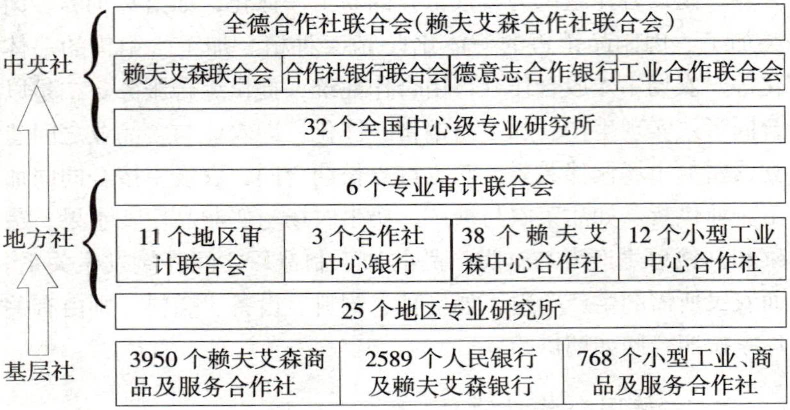

业指导。

德国的合作社与社员之间是促进关系，而不是市场关系。社员大会是合作社的最高权力机构，合作社内部还设有董事会，执行社员大会的决议，管理合作社的日常事务。监事会也是合作社内部一个很重要的机构，成员由合作社的会员选举产生，代表社员的利益监督检查合作社的内部运行，保证了合作社经济活动的合法性。

（二）一些合作社组织及合作社原则

1. 赖夫艾森的合作社及合作社原则

赖夫艾森是德国合作社历史上最重要的人物，他最先创建了现代意义上的合作经济组织，并将这种组织推广到全德国。他的思想深深地影响了后来的德国合作社，直到现在，德国大部分农业合作组织都被称为“赖夫艾森组织”。由于赖夫艾森对德国合作经济制度的巨大贡献，他被称为是德国的“合作制度之父”。

赖夫艾森的合作社的指导思想可以概括为“人人为我，我为人人”。他的合作社原则是：自助、自我管理和自我负责、成员身份自愿、管理人员名誉化、不以营利为目的。他认为农民对于整个社会的作用巨大，认为“社会的状况，尤其是国家的状况取决于农民的状况”。因此，赖夫艾森一生致力于农业合作社的发展。

赖夫艾森坚持，单个合作社的经营区域应当尽可能的小，因为在小规模的合作社中，成员之间才会互相了解各自的财产和经济状况以及彼此之间的信用能力，从而避免经济轰动中不必要的损失。其次，合作社应当注重地方化，只有本地居民才可以成为合作社的成员，这样一个居民只能参加一个合作社。此外，合作社成员有义务为合作社承担无限责任，他认为只有在这种无限责任制下，合作社内部的成员才能够做到“人人为我、我为人人”。如果合作社的成员有投资能力，可以向合作社入股或者投资，但是并不是每个成员都必须这样做。这种入股或者投资的行为完全出于自愿，如果有困难就不用这样做。合作社的股份，应当以纯利润来支付股份的红利，而且不承诺最低分红收益。

◎ 赖夫艾森简介

1818 年 3 月 30 日，赖夫艾森生于德国齐格河畔的哈姆城的一个基督教家庭，他于 1835 年自愿入伍，打算成为职业军人，但是因为眼疾不得不于 1843 年从军中退职，到科布伦茨接受行政官员培训。由于工作勤奋努力，赖夫艾森很快就被派往玛茵县作临时秘书；1845 年他被派往维耶布什任临时镇长，赖夫艾森的合作社事业就是从这里开始的。1848 年和 1852 年，赖夫艾森又先后被派往弗拉莫斯菲尔德镇和黑德斯道尔夫镇任镇长。1865 年赖夫艾森 47 岁，他辞去公职，专门从事合作社工作。赖夫艾森于 1888 年 3 月 11 日去世，享年 70 岁。

由于加入合作社有条件限制，并且对合作社承担无限责任，因此合作社贷款的发放仅限于合作社的会员。谁承担了责任，谁就可以享有好处。合作社的借款应当有担保，长期借款还需要财产作为担保，会员大会决定合作社的借款限额等问题。合作社的一般工作人员都应没有薪金，只是名誉职务，而只有会计和普通职员才可以享受工资待遇。合作社的赢利是整个合作社成员共同所有的公共资产，是合作社的公积金，不可分割。另外，赖夫艾森认为，合作社的任务不仅仅是在物质方面，更要在从道德方面改善合作社成员的状况。

2. 哈斯组织

和赖夫艾森一样，哈斯也是德国合作社发展史中的一个非常重要的人物，他建立起的合作社组织被后人称为哈斯组织。哈斯1839年10月26日生于达尔姆斯塔特的一个中学教师家庭，1857年进入黑森州立吉森大学学习法律，1861年完成学业后在黑森州政府任候补官员，此后一直在黑森州政府部门任职。

作为黑森州的政府官员，哈斯与农业有很多接触。1872年，他与别人共同创办了一家农业消费协会，自己任协会的第一任领导人。之后这个协会又发展成为一个由15个消费协会组成的联盟。联盟的主要业务是经营肥料、种子、饲料、煤炭及其他农业生产资料，与不平等交易作斗争，消除垄断，保证农民可以买到价钱合理、质量有保障的商品。1883年，哈斯同德国一些合作社合并，成立了“德国农业合作社联盟”。之后，随着联盟实力的不断壮大，又改名为“德国农业合作社总会”，1903年又改称为“德国农业合作社国家联盟”。

哈斯组织与赖夫艾森创立的农业合作社大体上相同，但是也存在几个比较显著的特点。一是哈斯组织没有一个集权的中央机构，而赖夫艾森的合作社由一个中央机构统一领导。二是哈斯组织坚持将信贷合作社和商品合作社分开，各自成为专业的合作社；而赖夫艾森的合作社强调综合性。三是哈斯提出以入股的方式建立合作社，而赖夫艾森坚持合作社财产不可分割，大家共同所有。

三、德国农业合作社的发展历程

日耳曼的农民公社兴盛于原始社会解体的公元 5~8 世纪，一般是由同一血缘、同一氏族的人所组建，这种组织实行的是生产资料公有制，主要从事的经营活动是牲畜饲养。农民公社所饲养的牲畜，由公社全体成员共同所有，公社内的土地也是由全体成员共同耕种。公社定期举行成员会议，讨论决定公社事务。在这些讨论中，每一个公社的成员都可以畅所欲言。会议讨论决定的内容，基本上涵盖了公社管理的方方面面，比如讨论决定公社牧场、森林和耕地的处置，投票表决重大活动的实施方案，裁决违反有关规章制度者，商讨惩罚措施，公社成员也可以对公社的领导人提出质疑。之后，封建制度渐渐取代了农民公社，但是具有公社性质的一些村社组织在德国留存下来。这些组织的成员共同享有并使用森林、道路、水域、草场等资源。

到了 19 世纪初，随着资本主义在德国的兴起，原本属于集体村社组织所有的土地变成了农民的私有财产，农村的村社组织失去了存在的基础。资本主义制度在德国的确立促进了社会生产力的发展，但是也引发了社会各个阶层之间的紧张关系，社会主义思潮在这种情况下应运而生，德国的合作运动也在这时候兴起。

（一）赖夫艾森创立的农业合作社

德国的农村合作社历史上最著名的代表人物是赖夫艾森，他被认为是德国农村合作社的创始人。他创办合作社的生涯是从 1846 年的冬季在德国小镇维耶布什开始的。

1846 年冬季，由于农业歉收，维耶布什一带的广大农民处在饥饿和贫穷当中。作为该镇的临时镇长，赖夫艾森组织当地农民建立劳动共同体，共同战胜困难、抵抗饥饿。赖夫艾森的劳动共同体还有一个名字叫做“面包协会”，为了降低灾荒时期当地的面包价格，他们建立了一家面包作坊，以低廉的价格向穷人出售面包，这给农民带来了实实在在的好处，帮助当地贫穷的农民平安渡过了农业歉收引起的难关。这个建立于 1846 年的劳动共同体，是赖夫艾森开创农村合作社事业的起点。接下来的 20 多年里，赖夫艾森一共建立了 7 个农村合作社。

1862 年建立的安森豪信贷协会是最能够代表赖夫艾森思想的合作社，也被后人认为是赖夫艾森合作社的榜样。这个信贷协会的规模不大，所负责的业务地区也很小。安森豪协会模式的特点是：既不要求入会费，也不要求成员对协会入股投资，协会运作的盈余作为协会的共同财产进入积累，而不做红利分配。赖夫艾森在全德国的协会推荐这种模式，认为这是最适应也最符合德国农村农民需要的合作社模式，而这种模式也被称为“赖夫艾森体制”，成为德国两种主要合作社模式之一。

到 1871 年底，在德国建立起来的赖夫艾森模式的信贷银行协会达到了 77 个。对于农民来说，信贷资本是生产中最重要的资本。农民的资本由于农作物的生物特性，一年只能周转一次，周转期比商业资本慢得多。同时农民又面临着一系列难以确定的自然风险，如干旱、水灾、病虫害等，而信贷合作社一般离农民居住地较近，可以方便农民存取款，并在可能的情况下为农民提供长期的、利率较低的贷款。同时，信贷合作社的利息较低，可以有效地同当时德国农村的高利贷者抗衡。此外，信贷合作社的建立，使农民创造出的财富仍旧留在农村，用于农村的生产和发展，这有利于农村事业的建设。

（二）农村合作社联社的建立

起初，农业合作社的经营地被限制在一个比较狭小的范围之内，比如一个村庄或者一个教区。这种小范围合作社的好处在于，在一个大家互相熟悉的小范围内，团结互助的精神可以得到最大的体现，而且由于社员之间彼此都是熟人，彼此了解各自的家庭财产状况，可以有效地避免贷款拖欠的风险。但是在运作过程中，小合作社的缺点也慢慢显现出来。这种合作社经济实力太小，没有强有力的后盾作支持，在不景气的时候容易出现危机难以维持。这些小合作社的成员都是经济实力弱小的农民，对抗风险的能力有限，因此将这些合作组织联合起来就成了一件很有必要的事情。

1872 年，赖夫艾森建立了一个由 7 家信贷协会组成的“莱茵农业合作银行”，这家银行除了平衡各家信用社的资金余缺之外，还是 7 家合作社的商品购买中心。1876 年，德国农业中央银行成立，这家银行采用了股份制的形式，但是仍然具有很高的合作社的特征，银行的股份实际保存在各个信贷协会，这样协会就直接与银行联系起来了。它面向整个德国，成为调节全德各地区合作社中心银行资金的最高机构。农业中央银行的建立为各个信贷合作社奠定了自助而不需要国家扶持的基础，成为德国合作社的又一大发展。

（三）农村保险合作社与合作社权益保障机构的出现

赖夫艾森在推进信贷合作的同时，也开始推进农村保险业务，建立了阿尔米纳德国农业保险公司。赖夫艾森所设想的保险是具有社会福利性质的，他认为年度盈余不应当以红利形式支付给被保险人，或者是作为保险费用被扣除，而应当作为不同年龄人的养老基金积累起来，最终为高龄的老人积攒起一笔可观的养老基金。这一形式与现在政府设立的社会保障比较类似。赖夫艾森为全社会广大民众广泛实施保险的设想，比俾斯麦在全德国实施社会保障的政策早了 10 年。

农村合作社权益保障联合会创建于 1877 年，是负责合作社经济与法律问题的机构，最初建立的时候，其成员只有 24 个信贷协会，到 1888 年已经达到了 423 个信贷银行协会。它的任务是在立法机构及行政当局面前代表和维护合作社的利益，并在合作社出现纠纷时充当内部协调人的角色。它还有一项重要的任务是，定期对合作社的工作和经济状况进行审计，并向社员公布。这个联合会的领导叫做权益代表，第一个权益代表就是赖夫艾森本人。1880 年之后，权益保障联合会演变为信贷协会共同购买生产资料的中介机构，负责管理各个协会的共同购买业务。

（四）按时间段划分的农业合作社的发展历程总结

1. 第一次世界大战前的德国农业合作社

在 19 世纪中叶，德国农民面临歉收、饥荒和高利贷者重重盘剥的艰难状况，此时，赖夫艾森创建了德国的农村合作社系统。

合作社成立之初，德国的农民进行的都是现金交易，从各种机构获得贷款也并不困难，国际市场呈现的是繁荣发展的良好势头。在这种情况之下，德国的农民并没有意识到合作社的好处，加入合作社的积极性不强。不久，经济危机爆发，农业首当其冲，受到较大影响，农民债务明显增加，德国的农业开始走向衰落。这时，农民才发现加入合作社对自己的好处，即合作社可以从政治上和经济上给农民以支持。恶劣的经济环境促使合作社大规模地发展壮大。这一时期，德国的农业合作社的数量增加到了 26500 个。最能体现农村合作社的重要性的是三个领域：信贷、农业生产资料购买和农产品销售。这一时期，德国合作制度建立了许多新的规章和新的合作社，对德国合作社的发展产生了积极的影响作用。其中最有决定性意义的是创建了“普鲁士合作总储蓄所”，这也是今天德国合作银行的前身。之后，德国农村发展起了大量的农村储蓄所，满足了农民的金融需求。

1914 年第一次世界大战爆发之前，德国合作社和社员数量都取得了跳跃式的发展。合作社总数达到了 34568 个，其中信贷合作社约有 19000 个，占比重最大。其他还有农业商品购销合作社、消费合作社、手工业商品购销合作社。合作社数量和社员数量的增长，也促进了地区储蓄中心和地区合作联社的发展。到 1914 年，德国已经有 64 个地区储蓄中心和 60 个商品流通合作中心。

2. 第一次世界大战到第二次世界大战之间的德国农业合作社

1914 年第一次世界大战爆发。在战争期间，由于农业合作社的参与，食品问题得到解决。由于德国战败，领土大量割让，合作社的数量大大减少。到了 1919 年，随着新的合作社的建立，合作社的数量又有了大幅增长。

1926 年，在德国国会的干预下，赖夫艾森和哈斯两个德国最大的农村合作经济组织开始实施合并。1930 年 2 月，两个最高联盟和其他一些零星小联盟成功实现了合并，成为了一个新的联盟组织——德国农业合作社赖夫艾森国家联盟。新的联盟总计有 26339 个农村合作社，400 万名成员，是当时世界上最大的合作社联盟。这些合作社包括 20592 个储蓄信贷合作社、4617 个购买合作社、4338 个乳品合作社、389 个商品加工合作社、256 个禽蛋销售合作社、222 个水果蔬菜合作社、42 个养蜂合作社、126 个烧酒酿制合作社、96 个马铃薯合作社、128 个磨坊及面包合作社、884 个谷物脱粒合作社、6038 个电力合作社、401 个养马合作社、417 个牲畜饲养合作社、254 个牧场合作社、285 个葡萄合作社。

1930 年之后，纳粹逐渐执政。在农业合作社领域，国家的意志高于合作社的意志，民主自愿的原则不再适用，自我管理的基本要素也不受重视，德国的农业合作社成为了政府筹集战争物资的工具。战败后，德国被分为了4个占领区，统一的合作社联盟被分裂开来。

3. 第二次世界大战之后的德国农业合作社

由于德国的领土在1945年被划分为4个占领区，合作社的重建首先是通过基层合作社的地区性联合来实现的。1948年，整个联邦德国建立起了统一的“德国赖夫艾森联盟”。这个国家级联盟共有6个业务机构，负责商品经营的各个领域。这6个机构分别是：德国赖夫艾森商品中心有限公司、赖夫艾森种子进口有限公司、牛奶油脂及禽蛋商务中心有限公司、德国牲畜肉类中心有限公司、德国葡萄合作社葡萄酒销售中心和赖夫艾森印刷有限公司。

农村的资金融通常常是通过信贷合作社进行的，因此，信贷合作社在德国农村经济发展中占有举足轻重的地位。这些农村信贷合作社在激烈的市场竞争中不断改变自己的经营策略，已经成长为综合性银行，其中的非农成员数量占到了绝大多数，已经不再是单纯服务于农民和农业的信用合作社了。

从1970年到20世纪90年代后期，农业合作社的各种业务中心、基层合作社都取得了长足进步。1997年，牛奶合作社、水果和蔬菜合作社、葡萄合作社、牲畜和肉类合作社分别达到了502个、146个、282个和135个。合作社在市场上的作用越来越明显。合作社的牛奶供给占全国的83%以上，谷物销售占44%，肥料购买占60%，种子购买占40%，饲料购买占35%。

随着德国经济的快速发展和农村合作社自身的不断变化，合作社的薪酬制度也发生了明显的变化。在传统的合作社中，经营项目少，经营对象主要是内部成员，市场环境比较宽松，加上成员受教育程度比较低，经营管理工作都是不收取报酬的荣誉职务，是由非专业人士来完成的。但是随着合作社规模的不断扩大，经营范围的拓宽，经营对象的改变，合作社开始从外部聘请专业人员进行管理，荣誉性的业务人员逐渐由受过良好教育的、掌握丰富业务知识的专业人员所取代。

四、德国农业合作社的种类

德国的农村商品、加工和服务合作社，主要是赖夫艾森合作社。该合作社存在着多层次的联合结构。基层的商品、服务和加工合作社构成了第一层次，地区联社是联社结构的第二层次，最高联社是该结构的最高层次，也是合作社整体的利益代表。最高联社的首要任务是代表社员的经济、政治、税收和法律上的利益，同时向社员提供咨询服务。这也体现了其向社员服务的宗旨。

各种各样的合作社遍布德国农村，为农民提供农产品生产、加工、销售以及信贷、农资供应、咨询等方面的服务，成为一个综合性的社会服务网络。它结构完善、法律健全、服务周到，在农业中发挥着个体农民和国家都不能替代的作用。各合作社独立经营，自负盈亏。

农民参加合作社可以取得很大的经济利益：一是在生产交易活动中减少中间损失；二是在资金融通方面免除债息过高的风

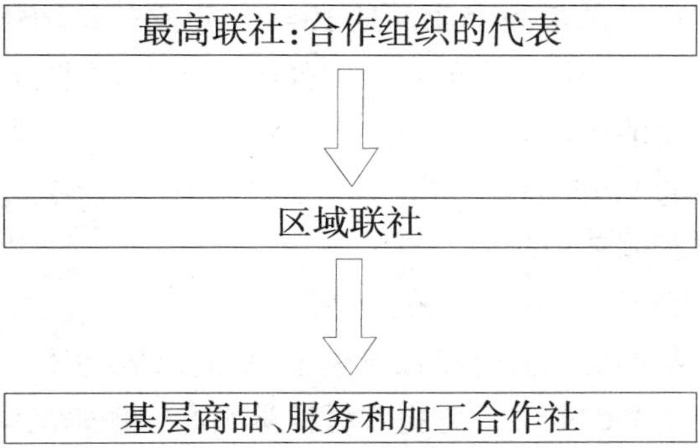

险；三是在农产品加工方面共同享受增值的好处；四是在共同使用大型农业机械和设施方面互通有无；五是通过农业产业内部分工，能享受和提供完善的社会化服务，如良种供应、病虫害防治、卫生防疫、机械维修技术培训、信息咨询等。

（一）供销合作社

德国有专门的供销合作社，其供应业务占到了很大的比例，销售业务所占比例较小。供应业务包括采购农民所需要的全部农业生产资料，其中最主要的是对社员供应饲料、肥料、燃料和去年用的燃料油、种子、农机和其他生产资料。购销业务则包括农民生产的各种农产品。

起初，供销合作社只是为家庭农场供应农业生产资料，主要是化肥和饲料。随着农村经济结构的转变，供销合作社的经营领域逐渐扩大。现在的供销社销售着多种以往不经营的产品，比如房屋和园艺用品、建筑材料等，同时开展多种咨询服务和实物服务，如肥料和粮食的委托加工，收获粮食的储藏等。

供销社在区域范围内还有联社，这种联社的任务在于：通过搜集基层社的需要，在相关领域支持供销社，同时联社也在建材、燃料等领域开展服务，以便与基层社的服务相适应。此外，为了促进基层社的销售业务，联社还会开展广告宣传和公关工作。

德国供销社的最高企业，是1948年建立的德国赖夫艾森商品交易股份有限公司。它的资金由区域联社和德国合作银行所调节。公司主要的经营对象是农业生产资料和农产品，特别是经营这些产品的进口和出口，经营重点集中在供应肥料、农业机械、燃料、建材和园艺用品上。

（二）奶制品和牛奶加工合作社

德国最早的奶制品合作社诞生于19世纪70年代，担负着加工和销售奶制品的职能。它把农村社员生产的牛奶汇集起来，然后加工成饮料奶、奶油、奶酪等奶制品，加工的成品再卖给零售商或者消费大户。

奶制品和牛奶加工合作社还创立了中央奶制品合作社，这种中央合作社的任务在于接受不能直接销售的牛奶制品，进行跨区域销售。此外，为了保障牛奶制品的季节性供应平衡，中央奶站还要担负储存奶制品的任务。中央奶站把市场上的需求信息传递给奶制品的生产企业，并且同基层合作社共同开发新产品适应市场需求。另外，中央合作社还为基层合作社提供一系列服务，如机器的采购和维护等。

牛奶油脂及禽蛋商务中心有限公司是最高联社，公司的股东是区域的中央合作社和大的生产企业。该公司的主要任务是，作为销售和采购中心支持区域奶制品社，在国际市场上开展进出口交易，为各地区中心社以有利价格集中采购机械和用品，管理干预国内市场等。

（三）牲畜和肉类加工合作社

德国的牲畜和肉类加工合作社，产生于19世纪90年代。它的主要任务是通过组织收购、加工和销售牲畜，促进社员的牲畜饲养业的发展。它的业务重点主要是销售业务。牲畜加工合作社掌握着农村的屠宰牲畜，并将它们运送到市场或者屠宰企业。同时在采购业务中，向社员供应种畜。

这类加工合作社也有区域中央合作社及德国牲畜肉类中心有限公司。前者在销售和供应业务上对基层合作社有极大的帮助，后者除了支持屠宰业之外，还进行鲜肉加工等相关行业。另外，公司还为合作社

提供多种服务支持牲畜加工合作社的运转，特别是在对外贸易方面起到了很大的作用。今天的德国，这种合作社对保障农民饲养企业的利益和饲养业的稳定起到了不可替代的作用。

（四）果蔬合作社

德国的第一批果蔬合作社建立于20个世纪初，其目的是为了保障远离市场的果蔬生产者的产品销售渠道通畅，并在此基础之上获得高的销售价格。果蔬合作社是在生产场地把包装好的产品运送出去的，如果生产者没有包装和分类，合作社就利用自己的设备完成这项工作。一些合作社还在自己的企业里生产果酱、果汁和罐头。另外，果蔬合作社还有权利采取稳定市场的措施。当市场供给大于需求的时候，他们可以从市场上收购大量的果蔬商品，抑制价格的不合理下降。

在区域一级，果蔬生产者可以组织区域中心联社。国家级的联社是德国果蔬生产者组织联社，主要任务是进行地区间的协调，检查质量，扩大销路，稳定果蔬销售市场价格，代表全国果蔬生产者的利益。

（五）葡萄农合作社

葡萄农合作社是专门从事与葡萄有关行业的专业农业合作社，它把从社员那里收购到的葡萄加工成葡萄酒，进而把葡萄酒销售出去。加工好的葡萄酒可以卖给消费者和商店，也可以卖给批发商。除了销售职能之外，葡萄农合作社还肩负有制造地窖以便储备葡萄酒的任务。这些储备的葡萄酒可以用来调节市场供求不平衡引起的市场波动，维护消费者的利益，同时可以保障葡萄种植者稳定地增加收益。在服务领域，合作社则可以向生产者推荐和供应优质的葡萄品种，为种植者购置机械等。

同德国的其他合作社一样，葡萄农合作社也有三级。葡萄农联合社是区域的合作社，为基层社提供各种服务，并且可以跨区域销售和收购葡萄酒及原料，甚至组织出口销往国外。德国葡萄合作社葡萄酒销售中心是德国葡萄农合作社的最高企业，它的主要任务是协调葡萄酒市场，以利于各级葡萄农合作社的健康发展。

据德国葡萄农合作社协会统计资料显示，2002 年德国有 246 个葡萄农合作社，其中 147 个合作社拥有制酒厂，且多数分布在普法兹（22 家）、巴登（103 家）与符腾堡（74 家）三个法定产区，另一非高质产区法兰克福联盟也有 45 家葡萄农合作社，其中 43 家拥有制酒厂。1994 年 ~2000 年的统计数据显示，葡萄农合作社的采收面积有递减趋势，但整体营业额在不断增加，且 2/3 的葡萄农成为了合作社会员。

（六）合作银行

德国是合作金融组织的发源地，合作金融组织在合作社系统和银行体系中占有相当重要的地位，其组织形式为合作银行。经过一百多年的发展，如今已成为世界上最大的 50 家银行之一，并有着自身的特点和完整的体系。德国合作银行体系是欧洲最大的合作银行体系，到 1998 年末德国合作银行全系统总资产 16593 亿马克，占德国银行总资产的 20%以上，全系统存款的市场份额为 26%，其中储蓄存款的市场份额高达 30%。

德国合作银行系统是由三级组成的，呈三角形结构。第一层次是基层地方合作银行，由农民、城市居民、个体经营企业、合作社企业和其他中小企业入股组成，全国共有 2500 家及 18700 个分支机构及其营业网点，拥有个体社员 1460 万，直接从事信用合作业务。第二层次是 3 家地区合作银行。第三层次是全国合作金融组织的中央协调机关——德意志中央合作银行。一百多年来，尽管德国经济体制和银行体制发生了很大变化，但合作银行坚持合作制的原则和为社员服务的宗旨始终没有变。

1. 基层的地方合作银行（信贷合作社）

为农民服务的农业信贷合作社，最早是由赖夫艾森创建的，从事各种银行业务，这也是基层地方合作银行的前身。现在，这些合作银行的业务范围包括现代通用银行的各种信贷业务，除了办理存款、贷款、支付往来和有价证券业务之外，还提供大量的其他服务。特别值得提出的是，大多数此类的银行组织除了经营金融业务以外，还经营农业商品的交易业务，包括农业生产资料的供给、农产品的销售以及农业机械的维修。

自从 1949 年以来，德国的地方合作银行（信贷合作社）的数量和社员的数量呈现不断增长的趋势。到现在，全德国共拥有 2500 家基层银行，18700 个分支机构及其营业网点，1460 万个体社员。社员的来源结构也发生了大的变化。传统的社员阶层是来自农业、商业、手工业、服务业领域的独立就业者，而新的社员增加了很多非独立的就业者，如职员、工人等。

2. 地区合作银行

在德国，最早认识到有必要建立地区合作银行的人是赖夫艾森。他于 1872 年建立了莱茵农业合作银行，之后又相继建立了黑森州农业合作储蓄所和威斯特伐利亚农业合作银行。这是第一批农业合作银行。之后，哈斯等人也建立了农业合作银行。

地区合作银行的职能在于促进股份所有者或者社员的经济发展，并作为地区的资金流动中心为基层地方合作银行服务。同时，地区合作银行还开展有价证券业务、财产咨询和财产抵押业务和国外商业业务。此外，地区合作银行作为企业，还为农业、手工业商品流通、服务合作社，特别是地区联社提供服务。

3. 德国中央合作银行

德国中央合作银行是德国合作银行体系的中央金融机构，也是信贷合作组织的最高机构。它来源于“普鲁士合作总储蓄所”，其任务是推动德国合作体系的发展。它不仅为地方合作银行及其私人客户和中小型公司客户服务，而且还为与其有直接业务往来的德国公司、外国公司以及其他机构提供广泛的银行产品及金融服务。德国中央合作银行是德国十大银行之一，在海外设有分支机构。

以上的三级合作银行，每一级都有独立的法人地位。2500家地方合作银行由农民、城市居民、个体私营企业、合作社企业和其他中小企业入股组成，并由入股股东拥有；3家区域性合作银行由地方合作银行入股组成，由地方合作银行拥有；中央合作银行由区域性合作银行和地方合作银行入股组成。三级合作银行不存在隶属关系，中央合作银行对地方合作银行也没有行政管理职能，但有各种金融服务职能，如资金调剂融通服务、合作银行系统资金支付结算服务等。

第二节 法国的农业合作社

一、法国及法国的农业概况

法国的全称为法兰西共和国，它位于欧洲西部，国土面积55.2万平方公里，是西欧面积最大的国家，其中陆地面积55万平方公里。2001年法国人口数为6070万。耕地面积1825.5万公顷，占陆地总面积的33.2%，人均占有耕地0.316公顷，高于世界平均水平（0.246公顷）；永久性牧场1076.4万公顷，占19.6%，人均占有牧场0.186公顷，是世界平均水平（0.625公顷）的1/3；林地1493.1万公顷，占27.1%。法国大部分地区属海洋性温带阔叶林气候，南部属亚热带地中海气候。法国全境地势低平，基本上是一个平原国家，海拔250米以下的平原占国土面积的60%，海拔250米~500米的丘陵及海拔500米以上的山地各占20%。

法国农业在国民经济中居于重要地位。法国甜菜产量居世界第一位，葡萄酒产量居世界第二位，牛奶产量居世界第三位，肉类产量居世界第四位，小麦、玉米产量居世界第五位，蔬菜、水果和马铃薯产量也位居西欧前列。

法国农业在经营形式上以中小农场和家庭劳动为主。由于农业机械化水平的提高，法国农场数量逐年减少，如1955年的农场数量是目前农场数量的两倍。法国农业以家庭劳动力为主，农场主及其家属占农业劳动力总数的92%左右。法国的土地经营方式有三种：租赁经营、土地所有者直接经营和分成制经营。其中土地租赁经营方式是一种重要方式，近十多年来逐渐增多，而后两种经营方式则不断减少。

法国农业过去以自给性的小农经济为主，农业生产专业化程度低。第二次世界大战以后，法国全面推行了农业现代化，农业生产专业化程度也随之提高。法国农业专业化可以概括为三种类型：区域专业化、农场专业化和作业专业化。在区域专业化方面，为了充分利用自然条件和农业资源，将不同的农作物和畜牧生产合理布局，形成了专业化的商品产区。在农场专业化方面，按照经营内容大体可分为畜牧农场、谷物农场、葡萄农场、水果农场、蔬菜农场等，专业农场大部分只经营一种产品。作业专业化农场是将过去由一个农场完成的全部工作，如耕种、田间管理、收获、运输、储藏、营销等，均由农场以外的企业来承担，使农场由原来的自给性生产转变为商品化生产。

此外，法国农业逐步强调农工商综合发展，农业是农工商联合企业的重要组成部分，形成了多种类型的综合体。农工商综合体的类型有：生产综合体（包括农产品加工业），生产前综合体（包括能源、设备工业、生物工业、农业化学和其他工业、服务业），销售综合体以及国际贸易综合体。农工商综合体拥有的就业人数约占就业人口的 1/4。

二、法国农业合作社的发展历程

法国的农业合作社具有悠久的历史和良好的发展基础，它的起源可以追溯到 12 世纪。到了 19 世纪末，在欧洲工业革命的影响之下，法国的农业经济发生了很大变化，突出表现是农业技术的改进和农业市场的扩大。这种变化对法国的农业发展影响很大，尤其是那些中小型农场。市场的竞争要求他们一方面需要改进生产方式，增加自己的产量和销量，另外一方面要维持市场上的价格平衡，不让价格发生大幅度的波动。在这种经济形势下，农民开始探索依靠互助合作的方式实现上述两个目的。

1884 年，法国颁布了《职业组合法》，农民们依托这个法律组成了许多农业职业组合。这些职业组合，实际上就是一种农民之间互相帮助的互助合作组织。政府为了抵抗当时的不景气，为农民设计出了这样一种组织方式，这些职业组合其实也就是法国现代农业合作社的雏形。在这种职业组合里，农民联合在一起，用集体的力量进行生产、组织销售。在那个时期，合作社的主要工作领域是谷物销售、仓储、葡萄种植、酿酒和农业生产资料供应，农民在这个集体里用互助的方式筹集资金、办理保险，共同销售产品和购买所需的物资。到了第二次世界大战前夕，法国农业合作组织已经成为法国农业生产的主要组织形式，并且出现了专门从事葡萄生产、粮食生产的专业合作社。但是，这个时期的法国农业合作社，并没有改变法国农业长久以来依靠简陋的农业设施、小块田地家庭式经营的传统耕作方式。

第二次大世界大战之后，以服务性合作社为主的农业合作社得到迅速发展，并逐步壮大。20 世纪 50 年代以来，随着商品经济的发展，合作社的发展进入了高峰期。除了少数大型农场不需要合作社服务以外，几乎所有的农户都参加了名目不同的合作社，大约每5个农民中，有4个是合作社的社员。其中，大约90%的农民参加了生产资料供应或者服务性合作社，绝大多数农户都加入了农副产品销售合作社。从那时起，合作经济就成为法国农业的主要经济形式。

到了20世纪60年代，欧洲的资本主义国家开始从战争的阴影中逐渐摆脱出来，那个时期成为战后资本主义发展的黄金时代。法国政府在此时期出台了一系列调整农业的经济政策。1960年和1962年，法国政府为了调整农业产业结构，于1960年8月颁布了《农业方针法》。这个法令规定成立土地调整公司，收购小农因为无法耕作而被迫放弃的土地，并将收购来的土地转让给大型农场。另外，国家对大面积标准化生产的大农场给予优惠性政策，优先给予他们低息的国家贷款、补贴和税收减免。这个法令使得肉类加工、水果蔬菜等组织性较弱的部门开始建立起一些强有力的农业合作社。之后法国又鼓励将已经合并的农场进一步的改造，建立起集生产、加工、贸易三位一体的农工合作社。这些政策措施都加速了农业人口的非农化，提高了农业生产效率，增加了新的就业机会。

法国政府的优惠政策、欧洲的市场和科学技术发展，为法国的农业合作社的发展创造了良好的条件。20世纪60年代以后，法国农业合作社进行了大规模的兼并活动，农业合作社的规模不断扩大，总营业额和经济总值不断增长，但是数量却有了大幅度的下降，由1965年的7500个合并为1982年的4000个，并且很多农业合作社成为生产、加工、贸易三位一体的综合性合作社。与此同时，合作社进一步专业化，成立了养猪、养鸡、养牛、小麦、奶制品、葡萄酒酿造、农机等专业生产与商业销售的农业合作社 3000 个，农业科技推广、质量检查、人工授精等服务性农业合作社 1000 余个，拥有一支 13 万人的专业职工队伍。合作社放弃多种经营，朝专业化方向发展，有利于保证农产品的产量和质量，进而使合作社在激烈的市场竞争中得到生存发展。在这一时期，法国的农业合作社还形成了国家、省、地区三级合作组织网络，这是一个松散的组织系统，他们之间没有领导与被领导的关系，而是一种自愿组合的关系。当时法国全国共有 15 家农业合作联盟，主要任务是向合作社成员提供咨询和市场信息服务，它们与世界各原材料交易所、政府有关部门、国际农贸进出口公司保持着紧密联系，能够及时把世界农产品信息传递到国内的农业合作社中去。

20 世纪 70 年代以来，世界经济普遍不景气，西方工业国家的经济结构大多重新组合，这也影响到农业合作社。法国的农业、畜牧业原料价格上涨，农畜产品相对过剩，农畜生产利润有不断下降的趋势。另外由于发展农业机械化、农业自动化需要巨额的投资，农户的债务负担不断加重，这一新的变化对农业合作社提出了进一步的改革要求。1985 年以来，法国农业合作社进入第三次整体大改革，改革的目的是进一步加强农业合作社在提供原材料和产品销售两方面的功能，以保证法国农业、畜牧业能够经受世界经济不景气的冲击。总的来说，这次改革取得了较大的成功。

目前，法国农业合作社已经发展成为一个庞大的经济实体，在农业生产中占有相当大的比重。1999 年，法国已有 1.3 万多个农业设备使用合作社，有 1/3 以上农业经营单位加入，农业设备使用合作社的营业额达 3.8 亿欧元。在农产品加工领域中，估计有近一半的农产品加工是由合作社完成的。合作社控制了法国谷物收购的 71%，牛奶收购量的 49%，化肥销售量的 60%，农用化学制品的65%。在葡萄酒行业，合作社所占比重达到一半以上。此外，在屠宰、饲料生产、奶制品生产部门，合作社都占有极高的比重。合作社从农产品的收购到加工、出口，已经形成了国内外、产供销一体化的大网络，有的合作社还和欧洲其他国家的合作社结成了大型跨国公司。

三、法国农业合作社的种类

法国政府1972年颁布的法律赋予了农业合作社特殊的法律地位——所有的合作社均具有同等的法人身份。因此，农业合作社不是一种直接从事农业生产的组织，而是由社员们投资兴办的为农业生产服务的企业性单位。

（一）农产品购销服务合作社

在法国，农产品加工和销售方面的合作社居于主要地位。购销合作社担负着集货、储存、运输和销售社员的产品，并通过共同采购向社员供应商品物资与原材料的任务。购销合作社在农业生产中发挥着重要的作用，它收购、生产了法国一半以上的主要农产品和农用生产资料。在1996年，农业合作社收购的粮油类、猪肉、羊奶奶酪分别占其总产量的75%、89%、61%，向农场主销售肥料占农场主购买总额的60%。

而农业商会是一个公众性的机构，其成员由农户、雇工和该地区农业实体的代表选举产生。它的主要任务是：提供指导性建议和专门针对农业生产者的发展性建议；与技术学院联合提供一些示范、培训和信息服务。此外，每个农业商会都成立了一个农业发展服务处，负责组织和协调所有的农业发展行业。

（二）农业生产共同经营组合

农业生产共同经营组合是20世纪60年代法国农村中出现的一种新的农业家庭合作组织。这种组织一般由10个以下的农户组成，其成员大多有血缘关系。但是组织内部没有长幼尊卑之分，每个成员都是平等的，都是组织的经营者。组织成员之间不是从属关系，而是相互尊重的关系。这类合作组织的特点是成员之间共同劳动、共同使用较昂贵的设备。参加这种组织必须出资，所出的可以是资金，也可以是设备、房屋、土地等实物。农业生产共同经营组合在法国已经存在了 40 余年，受到了广大农民的欢迎。

这种组织还有一个非常大的好处，就是可以把农村中的青年吸引到组织中来。因为组织中的青年不但农业收入高于没有参加合作组织的个体农户，而且在税收上享受国家给予的各种优惠政策。根据专家统计，在法国全国至少有 30%的青年农民参加了农业共同经营组合，有些地区甚至达到了 60%以上。

（三）农机合作社

农机合作社很早就在法国出现，其中专门从事脱粒的合作社成立最早。这种合作社主要是为了让大型农用机械得到更合理的利用才成立的，一方面让大多数农民都能用得上先进的农用机械，不使生产成本过高，另一方面又促进农业的机械化。它一般是由 4 个以上的经营性农场组织在一起，共同购买和共同使用农业机械的合作社，其业务范围仅限于农业机械方面的合作。

随着农场经营规模的扩大和农业现代化的不断发展，农业生产部门和农业生产各个环节越来越普遍地使用农用机械，如果单个农场购买农业生产环节需要的机械，由于价格昂贵，经济上不合算，于是就产生了多个农场一起购买、共同使用的要求。从农机合作社成立以来，其数量不断增加。法国目前约有农机合作社约 15000 个，大约每 3 个农业经营者中有 1 个是这种组织的成员。

农机合作社一般遵循适度经营原则，不盲目扩大自己的组织范围，其业务范围大部分集中在毗邻的几个乡镇。传统上，农业合作社以收获机械合作为主，在收获的时候，农机可以有效解决劳动力和机械不足的问题。随着近几年业务活动的发展，它的辐射范围也越来越大，扩展到了播种、灌溉等机械合作领域，还出现了多种农机具合作社。

农机具合作社的社员共同筹集资金购买农机具，由合作社内部民主选举理事会的负责管理。理事会一般设有主席、秘书、财务主管等，根据实际情况可以增减人员。一般一年召开一次全体大会。相比于其他农业合作社，农机具合作社更直接、更密切地与农业生产相联系。它的最大优势在于，用少量的机械产生大量的劳动效益、服务广大农民。在这里，农用机械可以得到合理的利用，农民可以有效地减少单位产品的成本，减轻债务负担和银行贷款。农机有专人负责照顾，社员可以专注于自己的农活工作，提高自己的劳动效率。另外，农机合作社还有一个很重要的作用，就是推进法国农业现代化的进程。在法国，几乎所有的农事活动都是由机械来完成的。从某种意义上说，农业机械的现代化程度决定了农业现代化水平的高低。多个农场共同购买使用农机，可以加快机械的更新换代，及时采用和推广功能更强、效率更高的机械。

（四）国家级的农业合作社

法国各类型的农业合作社都有本行业的联合会，其职能是协调各农业部门的经营业务，在农业生产推广中应用新技术和新品种。国家级的农业协调机构共有 15 家联合会，下面介绍其中的 4 家。

1. 法国农业合作联盟

法国农业合作联盟于 1966 年正式成立。自成立之日起，几乎所有的农业合作社都加入了该组织。对外，联盟代表整个法国的农业合作组织。对内，联盟与同行组织保持密切联系，促进农业合作经济事业的发展，捍卫农业合作经营利益。联盟由三个层次组成，包括大的生产合作社、按行业划分的合作社集团和地区性的合作社联盟以及下属公司和合作社。联盟同时也是法国国家农业发展协会（ANDA）的成员。

2. 全国农业互助联合会

这个国家级的农业互助联合会的主要任务是保护农业，具体而言是保护农民的人身财产安全，抵御农业生产、农村生活中的风险。联合会下设两套机构：农业互助保险合作社和农业合作社互助会。这两套机构都是针对农民设立的保险机构，但是分工不同。其中农业互助保险合作社主要负责处理意外事故、火灾、雹灾、牲畜死亡等财产性的保险。农业互助保险在法国保险市场上占据着重要的地位，共有 28000 个地方营业处，覆盖了 80%的农场，1978 年，它的保险额达 45 亿法郎，占法国损失保险的第二位。农业互助保险通过两家股份有限公司将自己的活动伸展到整个农村地区，并进入了国际再保险市场。它的整个系统分为地方社、大区合作社和中央合作社 3 级。地方合作社负责收取保费，并对社员提供有关参加互助保险的咨询。大区合作社按照保险类别组成，主要执行农业互助保险的各项业务。中央社一级的合作社，由各大区合作社选出的代表组成代表大会来管理。一个地方合作社可以同时参加 4 种保险的联合组织。

农业合作社互助会和农业互助保险合作社是并存的，但是只有两级组织：地区级机构和国家级机构。在基层，设通讯员岗位，对社员提供咨询和相关服务。互助会的主要活动是保障和协调农场主及其家属、农业工人的疾病保险和农场工人的家庭补贴和养老保险。此外，农业合作社互助会还代表农业、农民的利益，与政府展开谈判和协商。

3. 全国农业互助信贷联盟

法国农业互助信贷组织是半官方的农业信贷机构，也是法国的“农业信贷银行”。目前，农业信贷银行已独占法国合作银行部门投资的绝大部分，成为法国第一大银行，资本额近 1000 亿美元。它创建于 1920 年 8 月，是在法国地方信贷合作公司和地区金库的基础上建立的，原称“国家农业信贷管理局”，1926 年又改称为“国家农业信贷金库”，1947 年改称现名。总行设在首都巴黎，1986 年时设有分支机构 12030 个。目前它在世界 1000 家大银行中排列第七位。

农业信贷合作社的组织系统分为三级：在中央是农业信贷银行，受到法国政府农业和经济两个部门的监督管理；地区一级为农业信贷社，主要负责集中地方金库的存款和国家农业信贷金库的资金，并确定向会员发放的贷款数额；基层组织为农业信贷所或农业信贷合作社，职责为吸收和管理活期存款及储蓄资金，推销国家农业信贷金库发行的库券。长期以来，农业信贷银行与农民保持着一种特殊的合作关系。它给农民和农业合作社的贷款利率通常都比较低，所以农民都乐于把自己的资金存在这里，银行中有 80%以上的客户是农民。农业信贷银行的主要职能是：参与制定国家和农业信贷政策，并监督、咨询和协调各个地区的农业信贷业务。他的主要经营活动包括：吸收存款，发行长期债券，对会员发放农业生产和购销长期贷款，向非农业乡村住房建设、公共行政单位、地方公共事业提供贷款。另外，它还可提供租赁、转账、外汇、投资等业务。

4. 法国农业技术合作协会（ACTA）

协会是由 16 个农业技术中心研究所（ICTA）及 1000 名科学家和技术员组成的合作组织，主要负责解决具体的技术和经济问题，并关注农业工业。它们是连接基础研究和发展服务之间的桥梁，因而成为技术成果转化为现实生产力的最实在的部分。农业技术合作协会传播技术的方式主要通过培训和出版作物保护、杂草控制、土壤有害物、昆虫及其他病害、机械化等方面的科普书刊。

四、法国农业合作社的作用

法国农业合作社在 20 世纪 50 年代初至 80 年代初的农业蓬勃发展过程中起到很大作用。例如在信息咨询、科技推广、技术培训等方面，合作社为农民提供全方位服务，解决农民在生产上的后顾之忧。如全国谷物合作联盟与世界农贸市场和欧洲有着密切联系，利用微机联网来为农民提供各种价格信息和其他方面的咨询。在经营上，合作社负责为农民提供优惠的农药、化肥和农机具，并将农民收获的大量粮食运到海港。

在市场组织方面，合作社起着联结生产与销售的重要作用，是一条协调农业活动、工业生产和销售的纽带。农业合作社能以集团的力量面对市场竞争，在一定程度上减轻国家对农业的物质及财政资助。为了保障农民的利益，合作社的各级联合会通过协议的方式，在一定程度上控制着市场价格，避免由于农产品过剩或短缺引起市场价格的大幅度波动，给农民带来不利影响。有了合作社，农民可以把收获的粮食及其他农产品直接卖给农业合作社，也可以暂时送到合作社粮食仓库贮存起来，然后视市场行情随时决定卖出。

农业合作社的另一个作用在于基层合作社直接为农民提供产前、产中、产后服务，取得规模经济效益，这与政府限制大型农场数量、发展中小型农场的政策相一致。虽然经营规模减小，并趋于家庭化，但合作的规模明显扩大，农业增长率迅速提高。在法国的一些经济落后地区，特别是在政府政策未涉及的地方，更能体现出集体合作的优势。在这些地方，合作社可以充分利用分散的投资，创造一些与土地有关联的就业机会。另外，农民通过合作社可以得到贷款，在资金流转上对自己有利。

五、法国阿尔萨斯省合作社简介

阿尔萨斯省位于法国东部，省会为斯特拉斯堡。阿尔萨斯省合作社总部设在斯特拉斯堡市，共有员工350人，有70个收款员。总部在全省有两个大型企业，一个是现代化肉食品联合加工厂，另一个是大型的物流配送中心。分支机构有6个大型超市、26个中型超市、200个小型超市，形成了一个自上而下的宝塔式配送连锁模式。集团所属的分支机构，如便利店等遍布阿尔萨斯全省村庄，商品由合作社集团总部统一供应，供货商只对集团配送中心和大型超市供货，再由总部根据供货计划发送到各个分支机构。货物价格由集团总部统一定价、统一核算，各分支机构一律不付款，均由集团总部财务处理中心凭发票或者支票统一集中支付处理。

集团直属的肉食品加工厂建于1997年，占地22公顷，建筑面积30000平方米。其中用于加工新鲜肉食品的加工中心建筑面积约为12000平米，包括产品计划部门、原料检验部门、产品质量分析部门等。计划部门主要负责每天向各分支机构统计用货订单，并以此向生产部门提供加工计划和向仓储保管部门提供分发计划。检验部门主要负责预先检验用于加工的原材料，包括从动物出生、饲养、防疫、购进到屠宰全过程的控制、检验，最后进入车间生产。质量分析部门主要负责对加工过程的各个流程中的半成品、成品的质量分析，要绝对保证质量，保护消费者利益，然后生产的肉食品才能进入仓储保管部门。肉食品管理的仓储中心建筑面积3000平方米，它根据计划部门报来的各连锁店的用货订单，直接向下属的超市分发制成品。生产车间的电脑控制的传送带将货物传送到仓储中心，仓储中心每天晚上向超市和便利店送货。

集团直属的配送中心建筑面积 3 万平方米，主要负责海产品、肉食品、粮油、水果、蔬菜等农产品及生活文化用品，中心有一套科学的计算机管理软件系统。此外，中心分促销区、整装区和零散区三部分，还有专门的铁路专线负责长距离运输。

第三节 荷兰的农业合作社

一、荷兰及荷兰的农业概况

荷兰位于西欧北部，面临大西洋的北海，处于马斯河、莱茵河和斯凯尔特河的下游河口地区，全国约有 1/4 的国土面积低于平均海平面，是一个低地国家，国土面积为 4.15 万平方公里。人口 1550 多万，是世界人口密度最大的国家之一。从公元 13 世纪起荷兰人就开始利用传统风车作为排水动力，在天然淤积的滨海浅滩上围海造田。17 世纪至 19 世纪，随着荷兰城市的发展和工业革命的推动，荷兰围海造田的技术不断提高，规模不断扩大，速度不断加快，不仅围海，还围湖造田以增加农业用地，扩

大农业生产。荷兰国土面积中约有1万平方公里是填海造地形成的；国土总面积中的25%低于海平面，30%多的地区仅高出海平面1米左右，要靠堤坝和排水防止水淹。截至目前，荷兰有58%的土地用于农业，其中草场占31%，耕地占23.6%。

从总体上看，荷兰除了地理位置优越、气候条件较好，有较丰富的煤气和石油储量外，其他自然禀赋条件均较差。然而，荷兰人民在土地资源短缺的极大制约下，创造了堪称奇迹的农业经济成就，成为世界第三大农产品出口国。第二次世界大战结束以后，荷兰依据本国自然资源和环境条件确定农业发展战略。经过几十年的努力探索，走出了一条适合本国国情的农业发展之路，由农产品进口国成为出口国。到20世纪60年代后期，荷兰净出口值排在世界第四、第五位，1989年以来稳占世界第三，仅次于美国和法国。

荷兰的农业，最突出地表现在以下几个方面：(1)农田作物及园艺生产，其中农田作物生产主要以马铃薯，小麦、甜菜为主。荷兰是世界上最大的马铃薯出口国，其良种输出占国际良种市场的60%以上，销往世界80多个国家。荷兰的园艺生产世界驰名，并且在荷兰占相当份额，主要是蔬菜、水果、花卉、鳞茎和苗木，其中蔬菜出口居世界第一，鲜花占全球市场的60%。(2)畜牧业及渔业。荷兰乳品和肉类生产占农业总产值的6%，是世界上最大的乳品、猪肉出口国，荷兰的牲畜设施、兽医兽药、种畜育种、牲畜饲料和饲喂技术都十分先进。荷兰的渔业也早就实现了高度的机械化，主要运用高效和现代化的拖网捕鱼船队和近海捕鱼船队从事生产。(3)农产品加工。荷兰的农产品加工业处于世界领先地位。荷兰食品在国际市场上占很大份额，同荷兰专用的、高度自动化的食品加工设备及符合环境要求的包装机械和包装材料密切相关。先进的食品加工技术使得国内生产的农产

品和蔬菜的60%以上经食品和饮料制造业加工成高质量、高附加值的最终产品。发展最快的产品有：干酪、肉类制品、巧克力、糖果、马铃薯制品和饮料。目前，食品和饮料加工业的营业额约占荷兰工业总额的近30%。

（一）荷兰的设施农业

荷兰地势平坦，降雨充足，但光照不足，全年光照时间只有1600小时左右。荷兰政府为了使有限的土地得到高效的利用，采取了一系列符合国家气候特点和国情的农业发展战略及政策。荷兰的温室农业通过从私人银行和国外贷款中获得了大量资金，迅速发展起来。在7%的耕地上建立起面积1万公顷由计算机自动控制的现代化温室，大力开发适宜温室生产的高产值的作物品种，使园艺作物基本上摆脱了自然气候的影响，也使有限的土地产生了可观的经济效益。荷兰的温室农业具有如下几个特点：

第一，集约化、规模化、专业化的生产。荷兰耕地不足，因此比任何国家都更注重提高劳动生产率。大多数的荷兰农业企业都采用集约化、规模化、专业化的生产方式。这种生产方式有利于设施专业化配置，降低生产成本，提高产品质量并形成规模效益。

第二，采用规范的市场经营模式。在荷兰，农产品的销售是一个完整的体系，拍卖市场在这个体系中扮演了提供商品生产信息、调节市场供需、控制市场进程的重要角色。荷兰温室产品市场分类较明确，比较集中的有花卉拍卖市场、蔬菜拍卖市场、温室作业机具和专用产品市场等。在这些市场中，最有名的是阿斯米尔花卉拍卖市场。

市场的工作人员向顾客介绍花卉图谱

第三，国际化的市场体系。荷兰经济具有强烈的国际导向。荷兰农业产业看准欧洲和国际市场，充分发挥优越的地理位置，利用阿姆斯特丹、鹿特丹港的海运优势及发达的道路系统和公共运输网络，促使其产品大进大出，使荷兰成为欧洲大陆农产品分销中心。便捷的航运使荷兰生产的鲜切花和蔬菜在两天之内运到欧洲、亚洲及北美等国家和城市。

第四，农业科研、教育和推广体系。知识和科技是农业创新的手段，荷兰的农业科研、教育和推广体系为农业发展提供着支撑。农业研究包括基础研究、战略研究、应用研究和实际研究，这些研究和新技术通过政府的推广部门和民间的各种技术咨询服务组织被推广到各个农户、科研、试验站，形成了高效“农业知识网络”，可以及时传播先进的农业生产知识。

第五，农业合作社发挥作用。荷兰的农业以家庭式农场经营为主，很多农场从祖辈开始就从事作物种植。这种小单元的生产结构下，个体农民的市场力量较弱，缺乏竞争能力。在市场面前，农民们有相同的产品、相同的利益，也有相同的市场地位，因此开始自发地组织起一种适合市场功能的农业合作社。合作社里的农民不是竞争对手，而是具有共同利益的伙伴。由生产者、工业委员会和商业委员会组成的合作社（或称农业协会）是政府与农业企业合作的重要形式。农业协会是生产者和交易者的中间人，而且还在产业发展中积极涉足农业科普工作，推动荷兰农业的发展。

（二）荷兰的花卉产业

荷兰是一个花卉生产大国，也是世界上最重要的花卉生产基地，鲜花份额占全球市场的 60%。荷兰花卉生产主要集中在西部一些很小的地区。从历史上看，这些地区提供了理想的花卉种植条件，并且它们离销售网点很近。经过多年开发，花卉生产的基础设施日臻完善，使今天的花卉种植者从中获益匪浅。他们在生产经营时所需的一切都能很方便的获得，例如生产资料供应公司、专业咨询公司和花卉拍卖市场都已发展起来了。用于花卉生产的土地总面积约 8000 公顷，其中 70%为玻璃温室花卉生产。近 3/4 的土地种植鲜切花卉，尤其是玫瑰和菊花，在其余土地上则栽培观赏植物。在这些地域内，从事花卉业的企业达 11000 家。

目前，荷兰花卉园艺业占本国农业总产值的 40%以上，每年出口鲜切花、球茎和观赏植物总值平均达 60 亿美元，其中鲜切花约 35 亿美元。荷兰的花卉出口占世界花卉出口量的 70%，其中球茎贸易占全球贸易额的 80%，盆花占 50%，鲜切花占 60%。花卉品种已超过 1.1 万个，花卉种球出口到 100 多个国家和

地区。

政府的政策支持也是荷兰花卉业成功的一个关键因素。荷兰是种植郁金香的国家，曾经有一段时间世界球根花卉贸易发展得很快，郁金香生产被视为疯狂的投机生意，市场一度失去控制。那时，荷兰政府采取果断措施出面干涉，使得郁金香市场价格在24小时内回到正常状态，从而快速扭转了生产及市场“畸形”的局面，使得荷兰球根花卉产业得以持续发展。当产业处于“健康发展”阶段时，政府则引导产业协会充分发挥其积极作用，稳定市场。

荷兰花卉的销售也非常具有特色。1986年成立的位于荷兰阿斯米尔镇的阿斯米尔联合花卉拍卖市场，是世界最大的花卉拍卖行，同时也是欧洲花卉贸易的中心。进入这里的花卉和植物要按有关规定进行登记，并按标准进行产品质量检测，随后即刻被送去储藏等待上市拍卖。拍卖成交的产品要按照客户所要求的方式进行包装，然后被送往拍卖行的发货中心。在这里，80%的产品以最快的速度通过荷兰的机场空运到世界各地。阿斯米尔花卉拍卖市场每天可以销售鲜花1700万枝，全年总共出售鲜花35亿枝。值得一提的是，当天未被销出的鲜花会被销毁，以此保证鲜花质量，维护消费者的利益，同时对生产者提出警示以控制产量。当然，这些鲜花都不会白白被销毁，为保护会员的经济利益，被销毁的鲜花按最低价格的80%～90%给予补偿。

二、荷兰农业合作社的发展历史

荷兰西北临海，交通便利，经济高度开放，在历史上一直具有重商主义传统。这对农业曾产生消极影响，导致人们普遍认为农业不重要，认为通过对外贸易可以比较容易地得到其所需农产品。由于没有保护农业，19世纪前后其粮食的国内市场受到来自北美和俄国的大量廉价粮食的冲击。正是这种情况，使荷兰农村中那些具有较高地位的人们认识到，如果没有自己的组织，荷兰的农业就无法摆脱弱质状态，无法同其他国家的农业竞争，于是荷兰农业合作化由此开始起步。从1877年第一个农业生产资料供应合作社成立以来，荷兰农业合作社已走过了一百多年的历史。

荷兰农业合作社历史悠久、组织完善，成为农民自愿组织起来参与市场竞争的重要组织形式。它们有一套成熟的合作社规则和运行机制，在农产品销售、加工和金融等领域为农户提供了全面周到的服务，对促进农业现代化、社会化以及形成荷兰农产品出口大国地位等方面，发挥了不可替代的重要作用。经过一百多年的发展，合作经济在荷兰经济的各个领域延伸，市场占有份额不断扩大，尤其是农产品和食品销售额中，合作社的市场份额占到50%以上，其中园艺产品占全荷兰园艺和花卉市场的70%。

三、荷兰农业合作社的运行

荷兰农业合作社的运行特征，可以概括为以下四点：

第一，合作社成员的独立自主性很强，每个农民决定自己农场的生产种类和生产过程。

第二，合作社以完全自愿为基础，严格按照合作社成员间达成的协议进行活动，按成员间民主的方式进行管理。合作社完全独立于政府，不受政府的干预，始终是在农村自发发展。在合作社内部，不同的产品有不同的价格，每个农户出售的产品均按照产品的质量定价，这是从农户加入合作社起所遵循的一项基本规定。

第三，合作社成员必须通过合作社来销售自己的全部产品，不允许将部分产品直接售给零售商。同时，一个农户可以同时是几个农业合作社的成员。合作社成员结合在一起共同销售他们的农产品，然后合作社按照成员的实际生产过程进行加工、批发和出口等商业活动。

第四，农业合作社主要是在供销、信贷以及农产品加工方面进行，农业生产方面的合作社几乎没有。荷兰的农业合作社仅仅是单一目的的合作社，而不像其他许多国家是以多种目的的合作社而闻名。一般地，一个农户要分别加入 3~4 个合作社，才能满足他的需求。荷兰的农业生产因此一直保持着以家庭为单位的生产组织形式。

四、阿斯米尔联合花卉拍卖合作社简介

荷兰的主要农产品是鲜花，其保鲜要求很高，必须及时出售才能产生经济效益。阿斯米尔联合花卉拍卖合作社是荷兰主宰销售的两个拍卖合作社之一，由 14 个基层合作社组成，拥有 4900 名会员。全体会员大会每两年召开一次，通过无记名投票方式直接选出 9 名代表组成合作理事会。理事会下设交易和定价部、后勤服务部、自动化部三个主要部门以及政务部、人事部、秘书部和技术部四个辅助部门。此外，还建立了一个由花农、专家、科学家组成的监督委员会，负责对市场经营提出建议和意见。

阿斯米尔联合花卉拍卖合作社的主要工作是在阿姆斯特丹附近的阿斯米尔联合花卉拍卖市场完成的。这个市场由合作社开办和经营，建筑面积达到 70 万平方米，1994 年成交金额达到 24.5 亿荷兰盾。市场有 5 个拍卖大厅，每天有将近 1700 万株切花和 180 万株盆栽植物通过拍卖进入市场，占到荷兰鲜花交易总量的 45%。

在这里进行交易的都是合作社的社员，社员们把所有的花卉产品送到市场中，经过分级后，由运输公司晚间运往拍卖市场，供第二天早晨拍卖。在巨大的拍卖大厅内，拥有各种经营服务机

构，如装卸中心、冷藏中心、包装车间、运输公司、荷兰皇家航空公司货运站、植物防疫站、海关、会计事务所、银行和各种咨询公司。350多个花卉出口商和批发商在此设立了办事处，因此，从货运、拍卖到包装、转运、转账支付等各个交易环节，运行效率极高。

作为一个合作形式的非营利机构，拍卖市场只向会员收取低额的拍卖手续费，加上税金，每年约为成交金额的4.3%。拍卖合作社的这些收入除了保证拍卖市场的正常运转之外，每年还对下一年的经营形势作出评估，留下适当的储备，其余则按照全年成交金额的比例返还给花农。

第四节 其他一些欧洲国家的农业合作社

一、丹麦的农业合作社

(一) 丹麦及丹麦的农业概况

丹麦王国位于欧洲大陆北部，包括日德兰半岛、西兰岛、菲英岛、洛兰岛等480多个岛屿。丹麦与斯堪的纳维亚半岛隔海相望，在地理、文化、商业上是连接斯堪的纳维亚和中欧的桥梁，是斯堪的纳维亚三个王国中最小的一个，国土面积4.4万平方公里，主要是低地和平原。丹麦地处北纬54.5度与57.5度之间，属温带气候，冬季冰冻期短，全年降水总量为330毫米。丹麦多岛屿，海岸线曲折而多天然港湾，总长约有7400公里。

丹麦全国耕地面积占国土总面积的62%，约270万公顷，其农田占欧盟全部农田的2.2%。丹麦人口约530万，其中的4%即5万人从事农牧业生产，从事纯农业生产的只有3%，但生产的农产品足以供1500万人消费。另外有10万人从事农产品深加工，主要是食品加工。丹麦的农产品生产是以出口为导向的，农场主种什么或养什么完全由其根据市场情况，特别是国际市场情况自主决定。丹麦最主要的作物是谷物，以冬小麦和春大麦为主，谷物播种面积约占总播种面积的60%。谷物年产量约880万吨，占欧盟年产量的4.7%。其生产大量谷物不是以食用为主，而是用作饲料养猪。丹麦每年生产2300万头猪，其中约有1600万头用于出口，在出口农产品中，有2/3是猪肉和奶制品。2001年丹麦农产品外贸出口总值为594.59亿丹麦克朗，农产品大部分出口到欧盟各国。

如今，为适应国际市场的消费要求，丹麦在农产品生产过程中还十分注意环境保护，发展有机农业，如逐步减少除草剂、杀虫剂和化肥用量，降低对环境的破坏和资源损耗，提高农产品的品质和食品安全，这也是丹麦农产品在国际市场上竞争力较强的重要因素之一。

农业是丹麦最重要的贸易部门，农产品出口占丹麦总出口额的30%，并且对就业起着重要的作用。在丹麦，农产品买主与卖主之间的矛盾通过建立合作社、农民集体拥有合作社企业的方法加以解决，这一传统已有100多年的历史。丹麦农民拥有奶制品厂和屠宰场，从而使私人农场的生产和加工结成了紧密的纽带，这一独特的模式使得农民能够控制从耕种到餐桌的整个食品链条。

（二）丹麦农业合作社的发展历程

丹麦的合作社运动在19世纪下半叶开始迅速发展。那时，丹麦向英国出口黄油和火腿的数量不断增长，私人企业和商人从中赚了大钱。农民意识到建立起自己的组织加入工业可以获得更大的利益，而且相对于私人企业，农民组织也具有一定的优势。首先感到必须建立合作组织的是丹麦的奶农，因为牛奶必须每天出售。1882 年，丹麦农民建立了自己的第一个合作社奶厂，企业收购成员的初级产品以加工后进行销售，利润以更高产品价格的形式回到农民手中。1897 年建立了第一个合作社生猪屠宰厂。后来，农民又组织了合作社饲料企业，农民共同购买饲料、肥料和其他生产必需品。目前丹麦全国共有合作社 30 多个，涉及农业、消费、信贷、住房、保险等领域，在全国经济中占有十分重要的地位。

丹麦的合作社主要出现在农业的产前和产后两个环节上，目前合作社呈现出了数量少而规模大的发展特点。合作社建立的主要目的有五个，分别是：共同销售产品、共同购买生产资料、共同努力提高产品的附加值、分享经营利润、参与制定经营决策。

最能够体现丹麦农业合作社实力的，是奶制品和生猪屠宰业两个部门的农业合作社，在丹麦，两个奶业合作社和三个生猪屠宰场几乎控制了全丹麦在这方面的业务。在牛肉部门，合作社所占的份额超过市场总体份额的 2/3。在皮革加工和种子销售领域，合作社也很有实力。在饲料、植保、肥料等农业生产资料供给部门，合作社已占有一半以上的市场份额。但是在种植业领域，合作社基本没有发展。

（三）丹麦农业合作社的运行

在丹麦的合作社里，社员大会和社员代表组成的机构是合作社的最高权力机关。合作社的最高管理机构由社员大会产生。最高管理机构是一个代表委员会，它按照议定章程作出基本事务的决策，负责企业的日常经营。在规模很大的合作社，代表委员会通过间接选举产生。有些情况下，代表额的确定与社员对合作社的惠顾量有关系。合作社的社员也选举自己的代表，代表委员会选出理事会，理事会内部选出主席和副主席，由理事会聘任经理。合作社的章程对社员大会和其他合作社机构的责任，都有明确规定。重大投资决策，一般由社员大会或理事会作出决定。

丹麦农民合作社社员的权利为：享有有保障的产品销售权利，即合作社必须购买社员的产品，而社员生产多少产品由自己决定；获取可能的最高的价格，并分享利润。丹麦农民合作社社员的义务为：社员必须把产品交给合作社。在奶厂和屠宰厂，农民要无条件地把所有产品交到企业，企业要无条件地接受和销售所有产品。利润按农民交售的牛奶数量或生猪头数来分配。在生产资料供应部门，农民并不一定非要购买合作社提供的商品，社员不能在价格上与合作社讨价还价，合作社付给每一个社员的价格完全一致。

与其他国家相比，丹麦农业合作社有自己非常独特的地方，具体表现在：

第一，政府没有专门的合作社监管机构，也没有专门的合作社立法。丹麦的合作社组织与其他协会一样，服从的是丹麦的一般法律如税法、劳动法、公司法等，但是没有专门的合作社法来规范合作社的经营运转。

第二，合作社高度专业化，经营业务范围单一。在基层地区，不同的合作社通常很少进行业务方面的合作。即使在同一个地区或同一个大的产品部门里，农业合作社也没有协作的传统。举一个简单的例子，在牛奶生产领域中，涉及牛奶生产的合作社包括牛奶加工销售合作社、奶牛质量协会、饲料和生产资料供应社等多个合作社，但是这些合作社各自独立，相互之间没有统一的协作关系，要获得全程的服务，农民必须同时参加很多个合作社。

（四）丹麦的屠宰合作社简介

丹麦的畜牧业产值占农业总产值的77%，其中养猪业产值又占畜牧业产值的44%。丹麦生产的猪肉85%供出口，是丹麦最重要的出口产品。2000年猪肉出口额约30亿美元，占世界猪肉出口总量的23%，居世界第一位。

丹麦第一个屠宰合作社创办于1887年，经过一百多年的发展，规模不断扩大，实力日益增强。目前丹麦全国共有合作社30个，涉及农业、消费、信贷、住房、保险等领域。相当一部分合作社在市场竞争中逐渐发展成大型企业集团，在全国经济中占有十分重要的地位，特别在主要农产品的生产、经营、出口等方面控制着相当大的份额，其中，最为突出的是生猪屠宰合作社。丹麦能成为养猪大国，屠宰合作社发挥了重要作用。

2001年底，丹麦最大两家生猪屠宰场的合并，使丹麦屠宰合作社几乎垄断了丹麦生猪业及其加工品市场。合并后的丹麦皇冠屠宰合作社不仅是丹麦也是欧洲最大的屠宰联合体。丹麦皇冠屠宰合作社现拥有26家生猪屠宰场、6家熟食加工厂，雇员总数2.04万人，带动养猪农户2万户，其中丹麦近90%的生猪屠宰加工都在这里完成。

丹麦的屠宰合作社拥有一流的肉制品加工设备和先进的检测手段，合作社高效的运输和销售管理体系保证了肉制品从生产、加工和销售各个方面实行一体化经营。合作社还拥有自己的运输部门，并与欧洲的大型运输公司有着紧密地联系和合作，从而保证了顾客的需求。尤其值得一提的是，在2001年丹麦皇冠屠宰合作社和瑞典拉奥合作社实现了跨国合并，组成了一个更具实力的大型集团。

二、挪威的农业合作社

（一）挪威及挪威的农业概况

在世界地图上，挪威位于最北部。它的一大部分领土在北极圈以内，“挪威”一词的意思就是“通往北方之路”。挪威的东部与俄罗斯、芬兰和瑞典交界，西面则临大西洋。挪威有许多峡湾，海岸线长达2万多公里。从最南端的林德斯内斯到最北端的北角，直线距离长达1750公里。挪威的大部分人口居住在南部地区，首都奥斯陆周围人口密度最大。由于有温暖的墨西哥湾暖流的影响，人们才可以居住在这样一般无人居住的高纬度地区。无论冬夏，挪威的气候变化都很大。从天气温暖的沿海地区出发，很快就可以到达内陆的高寒地带。挪威的海岸线被无数峡湾所分割，其中最长的峡湾可以延伸到内陆达200多公里。跨入新世纪之后，挪威经济活动的很大一部分是以利用自然资源为基础的。同时，挪威也是最依赖国际贸易的国家。为了迎接未来的挑战，企业和政府都非常重视研究与发展。

挪威农业以畜牧业为主，畜牧业大约占到农业总产值的2/3，主要的产品是肉类，肉、蛋和奶产品自给。年捕鱼量近200万吨，位居世界前列，其中94%供出口。种植业主要以大麦、燕麦、小麦、马铃薯为主，粮食的自给率只有40%。

挪威是多森林的国家，1985年森林的覆盖面积超过800万公顷。它的森林一半是优质的针叶林木。两次世界大战期间，挪威森林曾经两次遭到严重的破坏，战后挪威制定了大规模的造林计划，通过精心管理，木材产量不断增加。目前，挪威木材的采伐和运输都已经全部实现机械化。

渔业一直是挪威主要的传统经济部门。挪威海和北海是世界上最优良的渔场之一，卑尔根、斯塔万格、特隆赫姆、哈默菲斯特都是挪威著名的渔场。挪威也是世界上产鱼最多的国家之一，有“渔业王国”的美称，主要的产品有毛鳞鱼、鳕鱼、比目鱼、鲱鱼等。绝大部分鱼类产品经过加工出口世界各地。同时，挪威还在沿海积极发展人工养殖业，已经成为了大马哈鱼的主要养殖地，产量占世界总产量的85%。

农业在挪威的国民经济中居于次要地位，农业就业人数占全国就业人数的比例不足7%，耕地面积不足全国陆地面积的3%。挪威的农业有以下特点：(1)农、牧、林、渔相结合，一般是沿海农民经营渔业，内地农民除从事农业外还经营林业；(2)重视农业科学研究和普及农业教育，使农业日趋现代化；(3)农民有自己的供销合作社。此外，国家除了对农业有直接的生产补助和垦荒补助，还通过公共的贷款和保险体系来资助农户购买机器和其他设备。

（二）挪威农业合作社的概况

挪威的耕地面积比较小，农户的经营规模也比较小，每个农户平均经营土地17英亩。这种小规模的耕作方式更加需要依靠农业合作社来联合农户，对农户进行服务。在挪威农村合作社的发展历程中，大致出现过三次大的变革时期。第一次是在19世纪后半期到20世纪初，随着农业商品化的发展，大量运销、供给和金融领域的合作社在挪威农村建立起来。第二次变革出现在20世纪30年代，为了加强自己在国际国内市场的竞争力，并且在政策制定上影响政府的倾斜，已经建立起的农业合作社兴起了联合和建立全国性合作社的风潮。第三次大的变革是在20世纪后期，挪威出现了大量的生产型合作社，合作社受到了挪威政府的重视和支持，进入稳步发展阶段。

挪威全国90%以上的农户都参加了各种类型的农业合作社。合作社的社员直接参加社里的主要生产活动，收益的分配主要按照社员的工作量计算，在管理上实行一人一票制的原则。合作社社员生产的牛奶占全国市场份额的99%，奶酪占75%，肉类占77%，蛋类占70%，毛皮占100%，合作社已处于农村经济的主体地位。社员生产的农产品均由合作社收购、加工、销售，有些合作社自己办农产品加工厂，有的与其他企业联合办厂。

合作社加工销售利润的80%返还给社员，20%用于扩大再生产。合作社不仅加工销售社员的农产品，还给社员供应各种生产生活用品。

（三）挪威农业合作社的种类

1. 集团农业

这种类型的农业合作社主要存在于奶牛饲养地区。由于挪威气候寒冷，奶牛饲养一年有8个月在室内进行。挪威每个奶牛饲养农户平均只有10头奶牛和8公顷土地，如果农户自己建设养牛设施，不仅面临着资金不足的困难，而且很不划算。在这种情况之下，农业合作组织联合农户的力量组织生产合作就显得非常有必要。

20世纪60年代，挪威建立了集团农业组织这种新型的奶牛合作社。农民加入合作社时，需要将自己的土地、奶牛、生产用具全部投入集团农业中。但是这些土地的所有权仍旧归农民所有，集团使用土地并且向农民支付地租，奶牛、生产工具折成股份参加信用社的分红，社员劳动收入按照工作时间来分配。挪威政府将这种合作社看作是大农场形式，所以它不能享受到中小农场的补贴和优惠政策。但是由于加入这种组织有很大的好处，它还是非常受挪威农民的欢迎。集团农业是集体投资兴建农场的建筑设施、集体投资购买设备、集体使用合作社的各种资源，因此要比一家一户投资更加经济、节约资源。而且由于大家联合生产，生产规模有了很大的提高，可以装备比较昂贵的大型现代设备，大大提高了农业生产的劳动生产率和农民劳动的经济效益，社员的整体收入水平也有很大的提高。

2. 农机环

早在19世纪，挪威就出现了脱粒机合作社。第二次世界大战之后，挪威出于农业现代化的需要大力发展农机合作组织。之后，随着挪威农民自我经营能力的提高，很多农户自己配备了农业机械，农机合作社曾经进入一段发展缓慢时期。20 世纪 60 年代，随着大型农业机械的发展，特别是一批价格昂贵的大型机械进入市场，农机环这一农业机械合作社开始发展兴旺。这个组织一般以拖拉机和牧草收割机等农用机械为主，为社员和非社员负担农活中的机械操作部分，而非机械操作部分仍由农户自己完成，农机环不负有任何责任。多数的农机环主要经营价值昂贵的专业机械，这部分机械设备使用得不多，且每个社员使用的时间也很短。

3. 夏季牧场和牛舍联合经营

挪威的山区放牧采用的是比较落后的经营方式：夏天的时候农民全家赶着奶牛离开家去山区放牧，这个时候他们的生活生产设施都比较简陋。而夏季合作牧场经营方式有效地改变了这种落后的经营方式，这种合作组织的成员合作购买生产设备、建筑夏季放牧用的牛棚，共同解决水电交通等单个农户办不到的事情。生产工作主要由社员完成，必要时可以雇技术工人，改善工作条件。由于工作效率的提高和生产水平的提高，社员有了更多的时间从事社会文化活动。

4. 其他形式的农业合作社

挪威还有很多其他形式的农业合作社，如信贷合作社、保险合作社等。在挪威 5.5 万农民中，有 1.1 万是信贷合作社的社员。2005 年，挪威信贷合作社拥有资产 106 万挪威克朗，信贷量 975 万克朗，为农民提供了大量的长期贷款，有效地解决了农民购买农业器械、加工储藏设施的资金困难。挪威的保险合作设有 185 个办事机构，分布在全国各地，保金有 1.6 亿挪威克朗，占到农业保险金的 76%、全国保金的 31.2%，是挪威最大的保险公司。

三、瑞典的农业合作社

(一) 瑞典及瑞典的农业概况

瑞典位于斯堪的那维亚半岛的东南部。瑞典国土面积45万平方公里，一半以上为森林所覆盖，耕地面积不足10%。境内大小湖泊近10万个。地形狭长，南北最长为1574公里，东西最宽为499公里。瑞典西北部多山，北部沼泽，中南部地势平坦，农业主要分布在这一地区，也是瑞典工业集中，人口聚居的地区。海岸线呈锯齿状，数以千计的小岛点缀其间，总长约为2700公里。

瑞典是一个高度发达的工业化国家。其经济的主要特点是：第一，外向型的经济模式。瑞典出口产品中的80%为工业产品，包括各类机械、运输设备、特种钢制品、纸浆纸张、化工产品及原木等材料；第二，多样性的产业并存。瑞典的传统工业以丰富的铁矿、森林及水力资源为基础，迄今仍在国民经济中占重要地位。与此同时，机械制造及其他高科技产业发展迅速，拥有自己的汽车制造、军事工业、通讯、制药业和航空工业等。

瑞典农业以畜牧饲养业为主，80%以上的粮食和畜产品自给自足，2002年农业总产值占国内生产总值的2%。瑞典可耕作面积约300万公顷，仅占整个国土面积的7.5%，大约55万公顷的面积为牧场，占整个国土面积的1.5%。目前，瑞典农业现代化水平和农业劳动生产率都居于西欧国家前列。农业以畜牧饲养业为主，其产值约占农业总产值的80%，粮食、肉、禽、蛋、奶制品自给有余，并部分出口。瑞典农业以家庭农场为主，全国共有11万个家庭农场，其中2/3拥有的耕地不足20公顷。全部耕地的3/4属于更适合现代农业生产的大中型农场。

与其他欧盟国家类似，瑞典的农民基本都加入了相应的农业合作社和合作组织。由农民所有的加工企业在瑞典市场上占有支配地位，在粮食生产方面农业合作社也处于市场领导地位。

（二）瑞典农业合作社的发展历史

瑞典最早的农业合作社可以追溯到19世纪。那时瑞典出现了互助保险公司和农业信贷抵押协会，被认为是瑞典最早的合作社组织。1850年，瑞典中部建立了瑞典第一个农民合作购买组织。到了19世纪80年代前后，瑞典相继出现了种子协会、甜菜生产者协会、家禽繁殖协会和牛奶记录协会，1880年出现了第一个奶业合作社，1899年出现了第一个屠宰合作社。早期的合作组织大都是由大农场主组织发起，小农场主积极参与建立起来的。

1895年，瑞典政府颁布了《合作社协会法》，为合作社运动在瑞典的发展奠定了法律基础。随后，瑞典成立了大量的全国性和地方性的合作社。其中瑞典农民供销合作社成立于1905年，瑞典农业协会总会成立于1917年，全国农民同盟成立于1929年。

（三）瑞典农民联合会简介

瑞典农民联合会是瑞典全国各类农民合作社的中央协调机构，由两个系统组成：农民同盟和合作社。

农民同盟是一个政策性对话组织，建立于1929年，目前由25个地区同盟、1500个地方分会和13万名会员组成。每个地方分会一般拥有50~100个农场，南部地区分会农场达到200~300个。这些地方分会各自选举独立的董事会和主席，商讨、处理地方性公益事务。凡是地方无法解决的则提交上级组织帮助解决，但上级组织只是下级组织的同盟体，对下级无行政约束力。

合作社是一种企业组织，它包括瑞典16个不同产业的全国性组织，80个成员合作社，100个合作社附属公司和38万名成员。就中央机构与其成员的关系而言，有的是实质性业务机构，有的是联络协调机构，有的中央机构是成员社的平等联合体，有的则是成员社的股份公司。就各合作社与附属公司的关系而言，也不尽相同，有的是合作社的独资企业，有的则是合作社与其他所有者的股份制企业。这些附属公司都属于合作社所有或参股的一般性企业，而不是合作社。

瑞典农民联合会每年5月召开社员代表大会。大会代表是由农民同盟组织和全国合作社组织推选的成员。代表大会主要讨论解决各成员组织提出的问题，选举常设总协调机构联合会，内部共设4个处：主管有关农民同盟事务的农民处，主管各产业合作社事务的企业处，主管合作社与农业政策的协调和对话的经济政策处，主管直属总部若干事务的商业经营处。联合会总部约有100名雇员，商业经营部有4000多名雇员，农民同盟和合作社两大系统共有4万多名雇员。

四、芬兰的农业合作社

(一) 芬兰及芬兰的农业概况

芬兰位于欧洲北部，波罗的海东北岸。北与挪威接壤，西北毗邻瑞典，东接俄罗斯，南临芬兰湾。芬兰国土面积33.81万平方公里，人口500多万，是欧洲国土面积较大的国家之一。芬兰境内共有大小湖泊6万多个，占国土总面积10%左右，以“千湖之国”著称于世。全国森林面积2322.2万公顷，森林覆盖率达76%，居世界之冠。

芬兰是发达资本主义国家的后起之秀，1993年国内生产总值4175.1亿芬兰马克，人均83502芬兰马克（约合20875美元）。芬兰农业在国民经济中所占的份额在20世纪50年代为53%以上，1986年下降为7.6%。1993年农业国内产值为115.10

亿芬兰马克，只占其国内生产总值的 2.8%。

芬兰农场大多实行农牧并举，以牧为主。畜牧业产值占农业总产值 75%以上，主要是饲养奶牛、猪、驯鹿、羊、马等。与此相适应，在芬兰的种植业中，粮食和饲料作物占有重要地位。除粮食自给有余外，芬兰的农畜产品多年来始终保持着较大批量的出口。

林业在芬兰经济中占有极重要地位，芬兰人称之为“绿色金库”。20 世纪 60 年代初，芬兰政府就制订了新的《森林法》严禁滥伐。1975 年以来林木采伐量一直低于林木生长量。木材加工和冶金工业是芬兰经济的两大支柱，约占工业总产值的 55%。木材加工业是芬兰的传统部门，在制造业总产值中一直占首位。造纸工业具有世界先进水平，是世界第二大纸张、纸板出口国及第四大纸浆出口国。

芬兰农业在芬兰整个工业化过程中之所以能保持较稳定的发展，除了政府比较重视外，还有一个重要原因就是芬兰具有自上而下的较为健全的农业合作组织。

（二）芬兰农业合作社的概况

芬兰农业合作制有着悠久的历史，第一个合作社成立于 1900 年。芬兰农业的合作制有三个比较明显的特点：一是自上而下建立合作组织，先建立中央合作社，然后逐步向基层发展；二是以专业合作社为主，社区性合作社极少；三是合作社覆盖面广，并随社会发展和交通条件的改善规模逐步扩大。

芬兰合作社的资本主要来源于社员入股和合作社的储备金，在有些合作社里，社员股本金可以占到合作社资本总量的 30%。每个社员至少要在合作社加入一股，有些合作社允许社员购买更多的股本。很多合作社在社员申请入社的时候要求社员交纳一笔高额入社费，用这种方法来控制合作社的人员数量，这笔钱在社员退社的时候不会退还。

下面介绍几种不同类型的农业合作社。

奶业合作社：芬兰全国约有100个奶业合作社，覆盖了全国牛奶生产、加工、销售的95%。其中规模最大的是瓦柳奶业有限公司。该社始建于1905年，目前社员包括2500个奶牛场。另外还有一些较小的奶业生产合作社，由于其自身的局部优势，目前还能生存和发展，这些优势主要表现在产品质量比较好、有竞争力，或者为本社社员提供贷款等。

肉类合作社：肉类合作社规模化程度大大高于奶业合作社。目前全芬兰共有5个肉类合作社，掌握着全国肉类销售量的3/4。合作社在社员集中区设立分支机构，负责收购社员的牲畜。他们走村串户为社员提供免费运输服务，所以不论离合作社远近，社员均可享受相同的收购价格。

蛋类合作社：主要是开展合作销售业务。目前通过合作销售的蛋品约占总销售量的60%。

生产资料合作社：一些大型农业机械价格较贵，农场单独购买成本太高，同时也难以发挥机械效率。在这种情况下，往往是若干农户联合购买、共同使用，组成生产资料合作社。合作社有仓库和运输车辆，农作物收获后集中销售。

蔬菜合作社：这也是一种销售合作社，主要是为了抵制中间商的盘剥，提高竞争力，解决单个农户运销上的困难。销售合作社实际上起到中间商的作用，但并不参与利润分成。

消费合作社：消费合作社目前困难比较多，销售额约占消费品零售额的30%~40%。

信贷合作社：主要任务是帮助农民办理银行贷款业务。农民个人贷款较难，以合作社名义向银行贷款比较容易，所以信贷合作社对农民具有一定吸引力，近几年发展较快。

第五章　一些发展中国家的农业合作社

第一节　泰国的农业合作社

一、泰国及泰国的农业概况

（一）泰国简介

泰国又称千佛之国、黄袍佛国、大象之邦，位于中南半岛中南部，是东南亚最具特异风情的国家，具有悠久灿烂的历史文化。泰国国土的整个版图如同一头大象，优美迷人的亚热带风光、广博的佛教文化、独有的民间风俗使泰国蜚声海外，吸引着世界各地的游客前来观光旅游。在经济方面，泰国的主要产业有农林渔业、工业、旅游业、矿业。泰国有80%的人口从事农业，是亚洲唯一的粮食净出口国，大米出口量在世界上居第一位，木薯输出居全球第一位，鱼产品出口在亚洲仅次于日本。泰国是传统农业国，不过近几年工业也得到了高速发展，制造业在国民经济中的比重日益扩大，且成为主要出口产业之一。目前，泰国的主要工业产品包括服装、纺织、制鞋、电机、电子、运输设备等。泰国有大量矿产资源，矿业比重较大，主要矿产资源锡的储量约150万吨，居世界首位，其他矿物有钨、褐煤、铁、铜、石油、天然气、宝石、铅等。

（二）泰国的农业

农业是泰国的传统经济部门。全国的6000多万人口中，农业人口约有1500多万，政府中主管农业的部门是农业与合作社部。农产品是泰国外汇收入的主要来源，泰国生产的主要农产品有大米、木薯、玉米、橡胶、甘蔗、绿豆、烟草、咖啡豆、棕油、椰子等。泰国是世界头号大米和木薯出口国，享有“东南亚粮仓”的美名，也是亚洲唯一的粮食净出口国和世界上主要粮食出口国之一。

1. 农作物种植业

泰国的农作物主要包括水稻、木薯、橡胶、玉米、甘蔗、绿豆、烟草、咖啡豆等，另外还有新开发的水果、蔬菜及花卉植物。近年来，泰国在水果罐头和蔬菜市场中也取得了大力发展，泰国的菠萝罐头已占据当今世界市场的35%。大米也是泰国人的主要食品，年人均大米消费量约为110公斤。农民生产出稻谷后，泰国的“农民交易组织”和“公共仓库组”按照高于市场的价格收购稻谷，然后雇用加工商将稻谷加工成大米，并且将大米储备起来。

2. 畜牧业

泰国生产大量的鸡、鸭、肉、蛋等畜禽产品，不仅能满足国内市场需求，而且出口量越来越大。泰国在冻鸡、鸡蛋、冻虾等冷冻制品方面的出口，已使泰国跻身于世界十大出口国。畜牧业的不断发展导致一些饲料加工厂不断扩大生产能力，泰国国产的饲料主要用于养虾业和养鸡业。国产饲料总量的80%由75家商业饲料加工厂生产，其余部分都是由各个农场自己生产。

3. 渔业

泰国基于海域辽阔、海岸线长2700多公里的优越条件，目前已成为亚洲第三大海洋捕鱼国，渔业产品居泰国农业产品出口的前列。泰国是世界市场主要鱼类产品的供应国之一，是位于日本和中国之后的亚洲第三大海洋渔业国。泰国湾和安达曼海是丰富的海洋天然鱼场，此外泰国还有1100多平方公里的淡水养殖面积。曼谷、宋卡、普吉等地是重要的渔业中心和渔产品集散地。

4. 农产品加工业

由于泰国有着种类丰富的农产品，因而农产品加工业也是一个重要行业，每年泰国都会出口大量的罐装金枪鱼、罐装菠萝、罐装海鲜、鸡肉制品和罐装水果等加工制品。泰国盛产稻米，有专门的稻米加工业；泰国还是木薯的重要出口国，每年生产的木薯有80%加工成颗粒后销往国外，目前这还是一个尚未被充分开发的领域；此外，泰国富产各种水果和蔬菜，相应也有一些加工水果蔬菜的加工行业，而罐装海产品的加工在泰国也很有前景。近年来，泰国除了发展国内的加工业外，政府还十分欢迎外国企业到泰国投资农产品加工业。

此外，泰国的农村旅游业近年来也开始兴起，到泰国农村旅游的游客越来越多，泰国农村已成为农村生活旅游景点。

在泰国，为农业开展服务的各种合作社也比较多。泰国农业合作社主要为农民提供以下一些服务：向农民提供用于生产和生活的贷款，给农民介绍好的生产方法和种养殖技术知识，以较低的价格帮农民统一采购生产资料，帮助农民以好的价格将农产品销售出去，另外还以较低的费用向农民提供机械服务，如提供拖拉机、水泵等农业设备。

二、泰国农业合作社的发展历程

泰国的农业合作社是由政府发起的，政府从1915年起就开始推动建立农民协会和农业专业合作社。1916年，泰国出现了第一个为小户农民提供信贷服务的信贷协会，之后这一年掀起了第一次合作运动，形成了一些村级水平的小型信贷团体。这种类型的合作社主要是为社员发放贷款，以便帮助他们改进农业生产。这些信贷合作社多是以自然村寨为基础建立，规模比较小。后来，根据农业生产的发展，泰国又成立了一些其他形式的农业合作社，如生产与消费合作社、土壤改良合作社、土地保护合作社等，但还是以信贷合作社为主。1938 年，泰国还建立了纯粹的农业市场合作社，这种合作社后来存在了五十多年，但是它们往往从事单一经营，经营规模也一直很小，农民对于合作社并不满意。

泰国政府于 1943 年成立了合作社银行，为合作社和农民提供贷款服务。1952 年 ~1953 年，清迈及乌他拉府两个府的合作社银行相继成立，运营 10 年后，政府又将两个府的合作银行改成信贷合作社联合体。1966 年，政府又将其改成泰国农业和合作银行，银行属于国有，是农协的金融中心，向从事农业生产的经营者发放贷款。1968 年，为加强合作化运动，泰国政府还出台了《合作社法》，法律允许建立合作社团体。但是以后的多年中，泰国的农业合作社一直都是缓慢发展，泰国农村合作经济得到飞速发展还是 20 世纪 70 年代后的事。

1970 年后，泰国农村合作经济得到大力发展。当时，泰国政府为了改变信贷合作社规模小、业务单一的状态，实施了一个合作社合并计划，将一些小的信贷合作社进行合并，建立了地区级的合作社，称之为农业合作社。合并以后，这些合作社规模都变大了，可以综合地为会员提供多种服务，如提供土地改良服务、信贷服务、购销服务、储藏服务、运输服务、加工服务等。随着大量成员的参与和合作社活动规模的扩大，这些综合性的农业合作社获得了较多的收益，农民也从中得到好处。从 1979 年到 1993 年，泰国农业合作社的数量已经由 732 个增加到 1089 个。另外，除了农业合作社外，泰国还拥有土地合作社、消费合作社、渔业合作社、服务合作社等。

三、泰国农业合作社的种类

按照不同分类方式，泰国农业合作社可以分为不同的种类。

1. 以上下级关系分类，可分为国家级、省级、基层三层机构。

基层农业合作社主要由从事种养殖业的个体农民组成，平均每个社有 1000 多人，再以村为单位分成组，便于合作社开展业务。基层农业合作社为农民提供的主要服务有：从省级联盟和财政机构得到拨款后，为社员发放贷款；以较低价格帮助社员统一购买生产资料；收购社员生产的农产品，加工后进行出售；为社员提供土地改良服务，如灌溉、建设水坝等；另外还组织社员统一参加教育培训。

省级农业合作社称为省级农业合作联盟，由基层合作社加盟组成。基本上每个省都有一个省级合作联盟，它们的任务是帮助基层合作社开展业务活动，如农产品的加工和销售业务。

全国级农业合作社称为国家级农业合作社联盟，是由省级农业合作联盟组成的，它的职能是帮助省级合作联社和基层合作社开展业务，为基层社采购肥料、农药等生产资料，并从事大米、玉米的出口业务。泰国每年生产出大量的大米，经营大米也是泰国农业合作社的主要业务。许多农业合作社都拥有大米仓库、大米加工厂，进行着大米的经营活动。

在全国范围内，泰国合作社联盟对所有合作社进行管理和指导，它是泰国各类合作社的最高机构，设有管理、金融、计划、培训等部门。根据合作社法规定，合作社联盟不能拥有企业，它的主要功能是：协调各类合作社的关系；代表合作社与政府对话；为各类合作社提供咨询；向全体人民和合作社成员开展合作社教育；代表本国合作社与世界上其他国家的合作社进行交流。合作社联盟通过出售一些合作方面的书刊，能获得一部分收入，另外合作社联盟还能收到政府的补贴和国际上的资助，联盟运用这些收入来开展教育和培训活动。

2. 以开展业务涉及的范围分类，主要有综合性合作社和各种专业合作社。

综合性合作社开展的主要活动是买卖农用生产资料和买卖农产品，活动范围比较大，它们的主要收入也来源于这些活动，另外还有一部分收入是贷款利息。专业合作社主要针对某一领域开展活动，如专门针对甘蔗、猪、奶业、玉米或洋葱等。这些合作社一般只是对某一种农作物提供相关服务，如为种植这类农作物的农民供应生产资料、提供技术指导、提供农产品销售服务等。

3. 按照合作社的行业分，合作社也有多个种类。

用水者合作社：参加了这个合作社的成员可以共用一条水渠或其他水资源，从而节省用水的成本，充分使用现有的资源。

土地改革合作社：这种合作社是根据政府的土地改革计划成立的。合作社建在土地改革区域，帮助农民提高生产生活水平、筹措生产资金。

橡胶合作社：建立在橡胶园，帮助农民扩大橡胶生产，便利地进行销售，从而使农民通过橡胶种植得到更多的利润。

另外，泰国的农业合作社还有渔业合作社、消费合作社、存贷款合作社等种类，泰国农民可以根据自己的需求，选择加入各类合作社。

四、泰国农业合作社的运行

合作社的管理部门有社员代表大会、理事会，此外合作社还聘任经理。社员代表大会是合作社的最高权力机构，大会由社员参加，通常一年召开一次。召开社员代表大会时，社员可以在大会上选出合作社的领导成员，讨论制定合作社的发展规划，并讨论合作社的经营管理政策。社员代表大会使农民能充分参与到合作社的经营管理中，参与合作社的重大事务。理事会是由社员大会民主选举产生的，一般三年选一次。社员们根据对周围成员的了解，往往推选出办事利落、有威信的人，作为理事会成员。理事会设主任、副主任、秘书，对合作社的日常工作进行监督管理，制定合作社的发展规划和经营政策。有的合作社还聘有经理，负责招聘和管理合作社的工作人员，对合作社的日常工作进行管理。

合作社对农民进行生产指导等活动时，是不营利的，而且还需要花费各种费用。维持合作社的日常运行，需要经费来支撑，那么，泰国合作社从哪里筹集经费呢？首先，合作社可以从农业合作银行得到贷款，用来购买大型设施，进行日常的周转，合作社还拿出一部分资金贷给农民，满足农民的需要。其次，农业合作社还可以从国家合作发展局得到一定的资金援助，用来改善合作社的收购、加工、储藏、运输设施。

合作社获取利润后，要遵循一定的利润分配原则，合作社法对于这些都有明确的规定。合作社利润中，要提取公积金，然后还要上缴合作社联盟一部分资金。社员从合作社可以得到分红和福利金，经理和合作社的工作人员可以拿到奖金。

泰国农村人口较多，合作社能有效地对农民进行组织管理，提高了农民的收入，改善了农民的生活，因此政府十分重视合作社在农业中的作用，对合作社给予大力支持。

为了促进合作社的发展，政府成立了泰国农业合作部对合作社进行管理。泰国农业合作部直接为合作社制定发展计划和相关政策，下面还设有合作社注册管理处、合作社发展局、合作社审计局等，这些机构对合作社进行具体的各项管理。合作社注册管理处主要是负责对合作社的审查、批准和管理；合作社审计局主要是依法对合作社进行监督、财务审计、管理，对合作社有直接领导权；合作社发展局主管制订发展规划，为合作社提供资金、咨询、培训等服务，还对下设的合作社进行监督管理。合作社发展局在各地还办有示范中心，从资金、种子、水利技术、农业设施等方面，帮助农民改善生产条件，提高生活水平。

此外，泰国政府以《合作社法》规定了合作社的经营范围、责任义务、社员管理、股金管理、盈余分配以及设立、解散等事项，为合作社提供法律支持。泰国的合作社在各方面都要遵循法律。此外，泰国政府还对合作社实行各种优惠政策。国家为合作社提供各种免费服务，譬如咨询、审计、政策指导、人才培训等。合作社也可以从政府得到低息贷款和税收减免。另外，政府还通过资助会费的方式扶持合作社的发展。

五、泰国农业合作社的案例

(一) 胡普卡蓬合作示范中心

胡普卡蓬合作示范中心是泰国的第一个农业合作示范中心，建立于 1971 年，类似于该模式的合作社全国现在有十多个。目前，该中心已经发展农户 440 多户，拥有总耕地 2000 多公顷，并且这些耕地完全归农民所有，允许后代继承，但不允许买卖和转让。合作社的主要农作物有莴苣、玉米以及甘蔗、菠萝等各种水果，合作社还利用这些原材料从事酿酒、造果汁、加工各种竹编工艺品等活动。2002 年，该合作社的净收入已经达到 200 万铢，入社的农户平均收入 6 万铢，最高的达到 10 万铢。

这个合作社的历史很悠久，产生也很有意思。1964 年，泰国国王在访问华欣附近的农业地区时，发现这里的农民由于缺少资金致使生产很困难，于是国王拿出30万铢钱，以贷款形式提供给农民。农民得到这笔贷款后，仍然无法进行良好的农业生产，因为每家经营的土地只有0.16公顷~0.32公顷。于是，国王为这些农民安排了开荒项目，这个项目在1966年~1971年期间开垦了80公顷的土地，82个农户家庭分得了这些土地。这80公顷土地分为三部分，每部分为20公顷，分别作为试验滴灌、漫灌和无灌系统的土地。在此基础上，1971年成立了胡普卡蓬农业合作社有限公司，成为全国的一个典范。

该合作社的农民可以得到多项服务，如合作社统一为农民采购化肥、农药等生产资料，帮助农民销售农产品，为农民提供贷款，对农民进行技术培训等。负责培训的技术人员是由国家农业部门安排的，他们的工资待遇也由国家来负责，合作社只向农民收取很少的费用。合作社为农民修建了两座泵站和相关渠道，农民每隔一天可以用到水，每家每月交水费400铢。另外合作社还为农民打了井，修建了蓄水池，帮助农民更方便地用上水。

管理上，合作社每两年进行一次选举，选出的合作社主席要定期向全体成员报告合作社的情况。在进行重大决策时，必须一半以上的成员都同意后，决策才可以得到通过。

（二）泰国农丰奶业合作有限公司

这个合作社以牛奶经营为主。合作社共有4500多名农民，5万多头奶牛，奶牛归农民私人拥有，每天能产200吨~250吨原奶。2002年时，该合作社的总产值已经达到9亿铢。合作社的主要任务是收取农民的牛奶，然后把牛奶加工成奶制品，统一进行销售。

合作社的农民，除了得到牛奶加工和销售的服务外，还可以得到合作社提供的存款和贷款服务。另外，养殖奶牛方面，合作社还为成员农民提供各种技术服务，如帮助农民为奶牛修整蹄角。合作社的农民都要接受培训，以便熟悉合作社的运行和奶牛的饲养，具体培训内容包括：合作社原则、奶牛饲养技术知识、疾病防治方法、质量控制等，农民接受这些培训后，可以更好地饲养奶牛。泰国政府为该合作社创建了农产品交易市场，合作社的农民去社办的中心市场、加油站等消费时，还可以得到价格优惠。

该合作社规模比较大，还建立了良好的福利制度，为成员农民提供一些福利，其中丧葬补偿很有特色。当合作社成员去世时，合作社向其家属提供丧葬费 3000 铢，因事故死亡的提供补助费 20000 铢。另外，合作社有 4168 个成员加入了火葬规划，当这些成员的配偶（妻子或丈夫）去世时，也可以得到额外的丧葬费。

（三）班莱特农业合作有限公司

班莱特农业合作有限公司成立于 1975 年，是一个以水稻经营为主的农民合作组织。目前，该合作社拥有成员 6300 多人，合作社由成员入股，资产全部都是成员的股份，目前合作社总资产接近 5000 万铢。只要农民接受合作社章程并提出申请，都可以成为合作社的成员。

加入该合作社的农民，可以得到以下几方面的服务：(1)合作社为农民统一采购生产资料，例如种子、化肥、农药等，这项服务可以使农民以较低的价格买到质量好的原料。(2)合作社为农民提供生产方面的技术指导，解决农民生产中遇到的疑难问题，并向农民介绍优良的种子和种植技术。(3)合作社帮助农民销售农产品，如水稻、鲜奶、香蕉、菠萝等，其中以水稻为主。合作社建有蔬菜和水果中心市场，农民也可以在市场上进行交易。(4)合作社为农民提供信贷服务，农民可以从合作社得到贷款，且不用交利息。(5)合作社还为农民提供生活上的服务，体现在丧葬、儿童抚养、救灾方面。合作社成员的儿童每年可以得到 300 铢的抚养费。合作社还开展了每人每天积攒一铢钱的活动，为的是帮助农民勤俭持家，养成节约的好习惯。(6)合作社还从事一些服务行业，如开办加油站、提供出租车等，农民可以在这些方面得到一些优惠。

在利润分配上，加入合作社的农民可以得到分红。分红之前，合作社先预留 10%，以便为以后的发展积累资金。合作社统一向国家交税，税率最高为 7%，农民分到的红利不用再向国家交税。

第二节 印度的农业合作社

一、印度及印度的农业概况

（一）印度简介

印度全称为印度共和国，位于南亚次大陆，与巴基斯坦、中国、尼泊尔、锡金、不丹、缅甸和孟加拉国为邻，濒临孟加拉湾和阿拉伯海。经济方面，印度是世界第一大产奶国，也是世界重要的产棉国和产茶国。印度拥有丰富的矿产资源，铝土储量和煤产量均占世界第五位，云母出口量占世界出口量的 60%。森林 5300 万公顷，覆盖率为 16%。农业和服务业为印度最大的经济部门，主要粮食作物为水稻和小麦，主要经济作物有黄麻、茶叶、甘蔗、油菜籽和棉花。牛、山羊、绵羊、水牛头数居世界第一。印度的工业已形成较为完整的体系，纺织、食品、精密仪器、汽车、软件制造、航空和空间等新兴工业发展迅速。特别是信息技术产业发展迅速，2001 年软件出口达 63 亿美元。旅游产业已成为印度第六大出口创汇部门。印度的主要进口商品为：石油及其制品、燃料、资本货物、宝石、化肥、化工产品、钢铁、造纸原料、纸张等。主要出口商品为：棉纱及棉织品、珠宝制品、医药及化工制品、机械及五金制品、农业及相关半成品、皮革及其制品、海产品、铁矿砂等。

（二）印度的农业

印度独立后，虽然工农业生产有了较快发展，但仍然是一个以农业为主的发展中国家，80%的人口以农业为生。

印度的耕地面积居亚洲之首，多达 1.43 亿公顷，人均占有耕地 0.16 公顷，约为我国的两倍。印度全境大致可分为四个部分：北部喜马拉雅高山区，约占国土面积的 11%；中部恒河平原区，约占国土面积的 43%；南部德干高原区和西部塔尔沙漠区，台地和缓丘陵、丘陵约占国土面积的 36%。在国土面积中，耕地面积约占 47%，森林面积约占 22%，草地约占 4%。印度属热带季风气候，全年共分四季，1~2 月为凉季，3~5 月为夏季，6~9 月为西南季风雨季，10~12 月为东北季风期。北方气温最低为 15℃，南方气温高达 27℃，几乎没有无霜期，全年均可生长农作物，热量资源相当丰富。

印度的水资源比较丰富，全年降雨总量为 39300 亿立方米。全国 36%的地区年均降雨量在 1500 毫米以上，33.5%的地区为 750 毫米。印度境内河流众多，最主要的河流是恒河，全长 2700 公里，支流 10 余条，流域面积 106 万平方公里；其次是布拉马

普特拉河、戈达瓦里河、讷尔默达河、克里希纳河等。充沛的雨水和众多的河流为农业生产和农业灌溉提供了有利条件，全国灌溉面积占耕地面积的32.8%。

印度的农业主要是小农经济，每个农户的经营规模较小。印度独立后就开始进行土地改革，并公布了名目繁多的法令，但大多并未认真执行，目前印度的土地所有权仍集中在少数人手里。据印度官方抽样调查（1985年~1986年），占农户总数1.3%的富农拥有14%的土地，23%的农户是佃农与半自耕农的混合，而占总数50%的最穷的小农只拥有1%的土地。不仅如此，一些小农和“边际农”（耕种土地不足半公顷）还不断丧失其土地而不得不加入无地农民的队伍。目前，无地农占全国人口的35%。印度农业主要以个体农户为经营单位，平均经营的土地规模为1.68公顷（1985年~1986年），但占农户总数的57.8%的边际农户的平均规模只有0.39公顷。

印度农业中传统农业占很大比重。印度传统农业的特点，一是农业对气候和雨水等自然条件的依赖性很大，同时抗御自然灾害的能力较差。印度经常遭受季风危害造成的水旱灾害。据统计，1951年~1983年的32年间，印度因旱涝灾害而造成农业减产就达13次之多。二是以传统的生产工具和手工劳动为主。85%的耕地依靠人畜力耕作，70%的耕地无灌溉设施，单纯依靠雨水灌溉。农业先进技术大都局限于小麦和水稻，而对豆类和油料作物没有重大影响，造成这些作物产量低下，每年需进口大量食油才能满足国内需要。印度农作物的单产水平较低，一些作物的单产水平低于东南亚许多国家。例如根据粮农组织的资料，每公顷稻谷和小麦的产量，印度分别为2817公斤和2420公斤，我国则分别是5869公斤和3318公斤。

由于印度各地的自然条件不同，经济社会环境条件不同，采用现代技术的程度不同，造成了农业生产和农村发展在地区之间的不平衡。印度北部和西部地区（特别是旁遮普邦和哈里亚纳邦）生产水平高，粮食产量和农民收入较高；南部和东部地区（如比哈尔邦、奥里萨邦、中央邦）生产水平和粮食产量较低。边际农、小农与大农之间的收入差距不断扩大。从20世纪70年代中期起，印度政府逐渐重视了发展与公平问题，并制定和实施了各种计划。总的说来，目前印度农村社会和经济生活仍然是以农业（主要是种植业）为中心旋转。村社仍然是社会关系和经济活动的基础，传统的管理系统以及亲属、家庭和种姓制度仍然是社会经济关系的决定因素。但近几年，许多地区以不同的速度和强度，开始发生变化，涌现出了少数现代化的农村。

20世纪60年代中期，印度东部地区发生了严重旱灾，造成农业大幅度减产，粮食危机空前严重。粮食供应状况非常困难，整个国家靠吃进口粮过日子。在这种情况下，印度政府开始实施一项农业发展新战略，这一战略就是采用以高产品种为主，结合水、肥、农药等农业技术，发展现代农业的战略，通称“绿色革命”。另外，印度为了增加食物来源，特别是动物性食物的来源，近十年来曾先后推出了旨在发展牛奶生产的“白色革命”和发展渔业的“蓝色革命”，取得了一定的成绩，使印度农业科研和应用水平有了很大提高。农业科学技术要转化为生产力，涉及到以下四个系统，即研究系统、推广系统、应用系统和支持系统。随着经济的发展，印度已经逐步建立起了这四大系统，为农业生产提供了很大的支持。

二、印度农业合作社的概况

在印度，合作社经济与股份公司、私人经济形成鼎立之势，是国民经济中的一支重要力量。同时，合作社作为广大弱势阶层改善自身地位的依托和载体，受到广大农民群众的支持和欢迎。印度全国目前共有50多万个合作社组织，网点覆盖了100%的乡村；全国合作社拥有社员2.09亿户，其中基层社社员1.37亿户，占家庭总数的67%。印度合作社分为基层社、地区合作社、邦合作社和中央合作社四个层次。目前共有中央级合作社联合社21个，邦级联合社361个，地区级联合社2572个，形成了完整的上下联合、覆盖经济发展各领域的大合作经济体系。政府发展农业的战略主要通过合作社的组织来实施。截至1997年，印度加入国际合作社联盟的合作社组织有10个，社员1.66亿人，是合作社社员人数最多的国家。

（一）印度农业合作社的种类

农业合作社是印度政府实现农业发展规划的重要手段。其种类有：(1)农业信用合作社。它分两种，一种是只为社员提供中短期贷款服务的，叫信用合作社；另一种是为社员专门提供长期贷款服务的，叫土地开发合作银行，主要业务是为社员提供兴修水利、改良土壤、购买大中型农机具贷款。(2)农业销售合作社。其中供应合作社的目的是供应农民所需要的化肥、种子、农药、农具等生产资料；销售合作社的主要目标是保证合作社成员的农产品能在市场上以较高的价格售出。它们又分好几类，有的还从事化肥等农业生产资料的销售，有的只销售某些特殊的农产品，如水果、蔬菜、棉花、烟草等，以此减少风险，获得较多的利益。(3)加工和仓储合作社。承担农产品加工业务，主要是合作制糖厂、合作碾米厂、棉花加工厂、合作纺纱厂以及水果、蔬菜加工厂。(4)耕种合作社。它的形式也有两种，一是土地作为农民个人所有，只实行统一耕作，称为“联合耕种合作社”；二是土地改为合作社所有，社员在土地上集体耕作，称为“集体耕种合作社”。此外还有牛奶合作社和渔业合作社。在印度，农业合作社已经是在农业生产中非常重要的一支力量。例如化肥生产合作社的产量已占全国总产量的 20%。另外，合作社控制着牛奶业的绝大部分股份，60%左右的农村信贷业务由合作社提供，大部分糖类和 1/3 的肥料由合作社供应。

印度合作社的最高机构是印度全国合作社联盟，联盟前身是 1929 年由著名合作社领导人拉莱布罕·沙迈达发起创立的“全印合作社组织协会”，1951 年改为“印度全国合作社联盟”。联盟属于协会组织，主要职能是代表合作社沟通与政府的联系，协调与政府各部门的关系，争取有关政策和配额，指导全国合作社的发展，组织合作社的教育和培训，开展合作社的国际交流。全国合作社联盟的成员是 21 个全国专业合作社联合社和各个邦的合作社联盟。专业合作社联合社属于合作制公司性质，对外开展具体的经营加工和信贷业务。专业合作社内部按照收购、加工、包装、销售、技术等工作环节进行垂直分工，越往上，技术难度和投资规模越大。

（二）印度农业合作社的特点

印度的农业合作社有以下特点：(1)入社自愿，民主管理。理事会由社员大会选举产生，每届任期多为 5 年，大会通常每年召开一次，审议合作社的工作；(2)民办官助。政府对合作社十分重视，在组织上和经济上给予支持，包括培训、补贴和资金援助，帮助合作社发展生产、加工、销售等事业；(3)以加工企业为核心，发展农村工业，取得良好的效果。其原因主要是加工的利润丰厚，同时还得到政府的重点扶持。

印度在发展合作社中也有一些问题。主要是：(1)基层合作社的规模小，力量薄弱，服务功能受到限制；(2)政府的行政干预比较多。政府一方面对合作社投资、向合作社派遣干部，同时还从合作社拿走一定的红利；据说，经济状况越好的合作社，受到政府的干预也越多，从而影响了农民办社的积极性；(3)地区之间以及社与社之间的差距很大，多数农产品不分级，加工深度不高，农民不能获得应有的利益。

印度合作社重视对社员进行知识教育和技术培训，以此来促进社区生产力的发展。合作社有这样的认识：面对激烈的市场竞争，合作社的发展离不开高素质的社员群众。合作社的产品有没有竞争力，与社员是否使用新技术、新技能、开发新产品的能力直接相关。因此，合作社要发展，就必须像工厂培训职工一样重视对社员群众的教育和培训。印度合作社联盟建立了以全国合作社管理学院为基础培训高级合作社人员、以邦合作社管理学院为基础培训中层合作社人员、以初级合作社培训中心为基础培训初级合作社人员的教育培训网络。合作社的教育以岗位继续教育为主体，主要是对社员群众传授生产技能，包括适合妇女的编织、刺绣等手工艺技能。自 1997 年以来，印度每年都有 120 万名左右的社员接受合作社的教育和培训。

在合作社的发展过程中，印度政府的支持和推动是合作社成功的重要因素。印度合作社运动始于 1904 年，但比较快的发展是 1947 年印度独立以后。印度的首任总理尼赫鲁对合作社抱有坚定的决心，认为农业的发展很大程度上依赖于合作社运动，并把合作社运动作为发展民主化的三大支柱之一。为促进合作社发展，到 1954 年，各邦政府开始向合作社参股，加速了合作社原始积累，也促进了合作社运动的深入开展。时至今日，政府股金仍在合作社股金总额中占有 7.5%的比重。同时，政府还通过为合作社提供政策信贷支持，促进合作社的发展。据统计，印度全国信贷合作社联盟对外借款的 95%、省级合作社银行对外借款的 82%来源于国家农业农村发展银行，信贷合作社成为落实国家农业政策信贷的重要渠道。可以看出，政府和合作社的目的在很大程度上是一致的，正是因为有了政府在资金和政策上的扶持，印度的农业合作社才能发展起来。

在印度这些农业合作社中尤其值得一提的是牛奶合作社。下面就来介绍一下这个合作社的情况。

三、印度的牛奶合作社

（一）“白色革命”和“洪流计划”

印度是世界上养牛最多的国家。印度教敬牛如神，除土地之外，牛是农业重要的生产资料。印度教徒反对杀牛，不少教徒买牛“放生”，被放生的牛被奉为“神牛”，目前印度有难以计数的“神牛”，在大小城镇的街道上游荡或躺卧。现在，印度牛的存栏数达 2.7 亿头，名列世界第一位，约占世界养牛头数的 20%，全国平均每 3 个人就有一头牛。牛在印度农民的经济生活中也扮演着很重要的角色。自古以来，牛一直是印度农村最主要的耕田和产奶牲畜。牛对农民的生活实在太重要了，在诸多方面为印度农村的繁荣作出了极大的贡献。在印度的一些牛奶产区，平均每户奶农有 1.2 头奶牛，产奶量占全国的 70%，大概印度农户平均收入的 22.5%来自于出售牛奶所得。

据统计，印度 1950 年 ~1951 年的牛奶产量仅有 1700 万吨，而在 2003 年 ~2004 年产量则高达 9200 万吨，印度目前已经成为世界上最大的牛奶生产国。按照印度奶业目前的发展势头，印度将在 2010 年牛奶产量达到 1.14 亿吨，2015 年可达 1.38 亿吨，发生这一巨大变化的原因在于印度政府对牛奶产业的鼎力支持。

印度地处热带、亚热带，气候潮湿而炎热，限制了不适应高热气候条件的高产奶牛品种荷斯坦奶牛的发展，因此印度十分重视开发利用其丰富的奶水牛资源。印度的水牛存栏数位居世界第一，其摩拉水牛是世界最好的奶水牛品种之一。不仅如此，印度的繁殖母水牛(占全部水牛的一半以上)几乎全部能挤奶，除少量自食外，其余全部用作商品奶出售。由于宗教的原因，印度人吃肉较少，其动物蛋白摄入来源主要是牛奶，因而消费者对牛奶及奶制品有着十分旺盛而稳定的需求。但是在 1970 年之前的 20 年里，印度的牛奶产量大幅度下降，产量仅仅为 2000 万吨左右，牛奶和乳制品的进口量非常大。与此同时，欧洲过剩的奶粉和黄油生产，对印度的乳业发展压力非常大。

20 世纪 70 年代初，印度政府旨在发展现代农业，解决国民吃饭问题，启动了“绿色革命”。在取得一定成果后，继而又迅速在全国范围内大力提倡饲养奶牛，希望通过迅速提高牛奶产量，实现增加国民营养、改善国民体质的愿望，这就是有名的“白色革命”(因牛奶是白色的而得名)。

为了推行“白色革命”，印度政府建立和注册了国家乳业发展委员会（NDDB），通过这个组织筹措资金和实施印度的乳业发展计划，这就是有名的“洪流计划”，意思就是将“一滴一滴”牛奶从农村千家万户收集到加工厂形成“洪流”。这项计划是世界上首次为了发展乳业而采取的食品援助计划。项目旨在促进农村奶业的发展，组织有效的收购、运输、加工、销售和管理体系，建立全国性的销售网络。该计划分三期实施，连续执行了从 1970 年 ~1996 年的 20 多年时间。在整个计划的实施中，印度政府通过积极争取，得到了大量外援。第一期 1970 年到 1979 年间，奶业委员会抓住欧洲牛奶过剩的时机，争取了联合国世界粮食署赠送的 12.6 万吨脱脂奶粉和 4.2 万吨黄油，价值达 11.64 亿卢比，以此支持第一期洪流计划的开展。1979 年 10 月开始执行规模更大的第二期洪流计划，在实施过程中，得到欧洲共同体捐赠的乳制品价值达 23.25 亿卢比，国内民办银行还提供了 1.5 亿美元贷款。实施第三期洪流计划是从 1987 年到 1994 年，所需资金来自印度政府在世界银行争取到的3.5亿美元贷款和国内的部分投资。

经过20多年的努力，到1996年“洪流行动”结束时，印度乳业面貌焕然一新。牛奶产量从1971年的2200万吨上升到了6600万吨，鲜奶日均收购量从1971年的256万公斤上升到了1100万公斤，液体牛奶日均销售量从1971年的278万升上升到了1000万升。

1996年以后，乳业综合发展计划并未因“洪流行动”的结束而告终。印度政府一如既往，继续对乳业发展予以扶持。迄今为止，印度已经成为世界第一产奶大国，并由乳制品纯进口国一跃而成乳制品出口国，相关产业也得到了长足发展。印度的乳品产值占畜牧业总产值的近2/3。2003年~2004年，印度乳品业赢利2400万美元，超过主要农作物大米和小麦，并成为国民生产总值中比重最大(4.39%)的农产品。2005年，印度奶产量冲破9000万吨，牛奶人均日消费量从1970年的111克上升到了232克，位居发展中国家前列。此外，印度乳品关联设备的生产能力也大为提高，进口量已降至总需求的10%以下。

(二) 牛奶合作社

每天清晨，在印度农村大大小小的牛奶收购站门前，总能看到长长的队伍，男女老少手提奶桶，兴高采烈地销售自产鲜奶。这些牛奶被集中送往乳业合作社所属的乳品厂加工，然后运往市区销售。众多农民因此增加了收入，而城里人只要花上10个卢比(约折合2元人民币)，就能美美地喝上1升香浓可口的冷藏鲜奶。所有这些都要归功于印度的牛奶合作社。

20世纪40年代，印度牛奶产量一度很低，主要原因是奶农生产积极性不高。当时，孟买的牛奶市场被波尔森斯牛奶公司独家垄断。牛奶公司的奶源主要是孟买凯拉区一带的奶牛养殖户。

由于牛奶消费不断增长，牛奶公司的采购能力有限，一批中间商应运而生。市场牛奶公司和中间商获利颇丰，唯独奶农高兴不起来，他们不仅收入微薄，甚至卖奶的钱有时还不够给奶牛买草料。

投入和回报不成比例，大大挫伤了奶农的生产积极性。为了改变自己在牛奶利润分配中的不公平地位，凯拉区的奶农在1946年组织起来，建立凯拉奶业合作社，甩掉波尔森斯公司和中间商，直接向孟买市场供应牛奶。邻近的村庄也纷纷仿效凯拉奶业合作社的做法，类似的奶业合作社如雨后春笋般在古吉拉特邦建立起来。

没有几年，古吉拉特邦的牛奶产量就翻了几番。相比之下，印度中央政府耗资114亿卢比（1美元现约合44卢比）推行的动物养殖和发展奶业项目却收效甚微。1964年10月30日，时任印度总理拉尔·巴哈杜尔·夏斯特里在凯拉区出席一个现代化奶牛养殖场开幕式，当晚，一户奶农向他介绍了奶业合作社对牛奶生产的促进作用，得到他的肯定。于是，印度于1965年成立印度奶业发展委员会，向全国推广这种奶业合作社。

经过多年的发展，现在的印度奶业合作社联盟已经拥有全印度约70%的牛奶及其制品的生产经营份额。中央、邦、地区、基层四级合作社的分工是：基层社主要负责牛奶收购，饲料供应，提供奶牛救护、医疗服务，帮助社员提高牛奶产量，保障生产者的日常支付和报酬；地区奶业合作社联盟主要负责组织基层社从生产者手中收购牛奶，组织加工，在活动区域销售奶及奶制品，向基层社分配饲料，提供技术和培训；邦奶业合作社联盟则主要负责生产、推销全脂奶、奶制品和各类含奶制品，组织统一的大批量购买，协助全国奶业合作社联盟完成有关教育和培训项目；全国奶业合作社联盟的职能主要是加强奶业合作社的内部协调，发布相关信息，开展战略研究和咨询服务。

印度政府对印度奶业合作社的快速稳定发展作出很多支持。如政府在奶业合作社初期就制定了《合作社条例》，从法律上对合作社的地位加以肯定；将奶业作为一个关系国计民生的支柱产业，而不是一个营利的产业，对牛奶的加工和销售实行免税，从而使这些部门能将赢利的大部分返还于奶牛生产者；铁路运输部门对使用大型奶罐车运送鲜奶减半收费；成立了技术经济实力雄厚的印度国家奶业发展协会(NDDB)，在奶业项目的计划、实施、人员培训、信息交流、工程设计及应用技术的研究和推广等方面进行了卓有成效的工作等。此外，印度政府还在资金和技术等方面给予合作社大力支持，通过农业筹款公司和合作发展等部门向合作社提供短期贷款(主要用于购买饲料和支付工作的薪水等)、中期贷款(主要用于购买牲畜和归还贷款等)和长期贷款(主要用于购置机器设备、修建房屋和建立加工企业等)。农业技术方面，政府设立了国家乳业研究院、兽医研究院等科研机构，经常组织技术人员下乡，普及养牛技术，规范挤奶操作程序，提高产奶量和产奶质量。印度土产奶牛产奶量不高，为了改良品种，印度政府把重点放在引进、培育、推广国外良种牛上，如瑞士褐牛、丹麦红牛等。由此，印度每头牛的年均产奶量从 1989 年 ~1991 年的 731 公斤上升到了 1999 年 ~2000 年的 1014 公斤。

印度国家奶业发展协会(NDDB)也对印度奶业的快速稳定发展发挥着作用。该协会始建于 1965 年，是一个介于政府机构和民间专业行会之间的组织。该机构的一切重大决策必须要经过印度议会讨论，其目的主要是促进奶业合作社的发展。目前全印度有 1070 万个饲养奶牛的小农在协会

新德里“母亲”牛奶制品厂的巨型储藏罐

的领导和管理下劳作，这个机构几乎是完美地把奶农的小生产与大市场联结了起来，并形成了一个生产、加工、消费的链条。奶农既是整个链条的原料提供者，又是合作社的成员，是整个过程的主人。小农的利益通过牛奶收购价得到了保护，同时奶农又通过年底分红与合作社结成了十分紧密的利益共同体。

印度除了少数种牛繁殖场之外，全国基本上没有成规模的奶牛饲养场，每天向市场供应的鲜奶几乎全部来自个体农户。这些鲜美的牛奶从产出、加工到消费者手中，一般要经过三个程序：首先，村民每天将自家产的鲜奶集中送往当地的合作社牛奶收集站，由收集站工作人员进行初级检验并过秤登记后，奶厂的保鲜罐车就会在最短的时间里将牛奶送进厂里。各合作社收集站还负责根据牛奶质量与厂方商定价格并定期结算，把现金送到农户手上。其次，每车鲜奶进厂后，首先要经过严格的抽样化验，由质检人员对牛奶进行多达16项指标的综合测评，只有全部指标都合格的牛奶才被允许进入下一道工序。最后，在加工车间，牛奶在电脑程序的控制下，在全封闭的无菌环境下完成提纯、杀菌、营养调配等加工处理的全过程，从而保证送到每一位消费者手上的牛奶都符合安全饮用标准。

正是有了合作社作为奶农和消费者的桥梁，才保证了农户的牛奶能够获得市场渠道，农户也因此才能靠饲养奶牛或水牛并向市场提供鲜奶而获得宝贵而稳定的收入。奶农通过自愿入股参加基层的村级牛奶生产合作社，就可以通过村级牛奶合作社——地区联合会——总联合会的组织形式，把农村分散的奶收集到城镇加工，再运到各大中城市销售。合作联社一般都建有乳品加工厂，从乳品加工的利润中提留一部分用于扩大再生产，其余返还给生产者（一部分作为奶农股份和交售奶量的红利，另一部分用于补贴各种免费和优惠的社会化服务）。通过鲜奶的收购和加工等环节，合作社让利于农民，如收购鲜奶时付给农民合理的定价，加入奶业合作社的农户每年还可分到一定的红利等，这些措施都在一定程度上扶持了奶业生产的发展，充分调动了农民发展奶业的生产积极性。

牛奶合作社给社员带来的好处，主要有以下五个方面：

第一，增加了奶农的收入。牛奶合作社在维护合理奶价的同时，还不断扩大经营，其牛奶与奶制品的销售额，2000 年 ~2001 年度高达 43.7 亿卢比。据统计，加入合作社后，生产者平均收入提高了 60%。

第二，推动了农村基础设施的建设。在许多地方，牛奶合作社根据社员意见，经过民主讨论，拿出部分公益金来兴建校舍、医疗中心、图书室、道路和饮水设备等。

第三，解决了部分人的就业问题。印度的牛奶合作社中，无地者占 10%左右，小农和中农占 50%~70%。通过合作社出售牛奶，奶农有了固定收入，这在一定程度上解决了农村的失业问题。

第四，提高了妇女的地位。奶牛主要由妇女饲养，在有些地区，牛奶合作社的全部工作都由妇女承担。妇女掌握了可观的牛奶收入，她们在家庭和社会上的地位相应提高了。

第五，促进了牛奶生产。合作社除了面向社会销售牛奶外，还向社员提供贷款、良种奶牛、兽医服务和精饲料等，对牛奶生产起了积极的促进作用。

印度的牛奶合作社已具有相当的规模。在许多地方都有几个牛奶合作社联合经办的乳品厂，进行奶制品加工和销售，收益比单纯出售牛奶高得多。2000 年 ~2001 年，印度有乳品厂 267 个，其中有 156 个属于合作社所有。1998 年 ~1999 年，印度全国共有奶制品合作社 87755 个，拥有社员 1314 万户，社员股金 23.5 亿卢比，资产 72.95 亿卢比，总营业额达到 535.74 亿卢比。

为提高效益，满足不同消费需求，合作社除开展鲜奶供应外，还积极组织脱脂奶粉、全脂奶粉、奶油、奶酪、炼乳、麦芽食品、食用黄油、婴儿奶制品等品种的生产，使合作社成为能够提供多种奶制品的综合经营的联合体。经过数年的努力，牛奶合作社创造的品牌几乎是高品质和高附加值的代名词。诸如 Amul (古吉拉特邦)、Vijaya(阿鲁那恰尔邦)、Verka (旁遮普邦)、Saras (拉贾斯坦邦)、Nandini(卡纳塔克邦)、Milma(喀拉拉邦)和 Gokul (戈尔哈布尔)等品牌颇受消费者青睐。

2004 年，联合国赞扬印度奶业所取得的巨大成就时强调，牛奶产量的迅速增长有利于增加农村人口的收入和改善民众的营养状况。印度奶业的良好发展不仅给印度一些贫困地区带来了可观的经济利益，也使得这些乡村地区的面貌发生了巨大的变化。从这个意义上说，奶业合作社也是印度最大的就业工程、最大的扶贫工程。

第三节 古巴的农业合作社

一、古巴及古巴的农业概况

古巴的全称为古巴共和国，是社会主义国家。古巴位于拉丁美洲，有“千岛之国”、“世界糖罐”、“世界甘蔗国”、“安的列斯的珍珠”之美称。古巴四周围着海，是西印度群岛中最大的岛国，拥有近 300 个天然海滩、宽广的海岸线、迷人的珊瑚礁，是世界上著名的旅游胜地。古巴的首都是哈瓦那，是世界上最美丽的城市之一，有“加勒比海的明珠”之称。由于古巴位于加勒比海西北部，同时古巴岛的形状又像一把钥匙，因此它形象地被称为墨西哥湾的钥匙。

旅游业已成为古巴经济的第一大支柱产业。古巴旅游资源丰富，拥有阳光、海水、海滩等自然风光，这些使得古巴成为世界一流的旅游和疗养胜地。近年来，古巴充分利用这些独特的优势大力发展旅游业，给整个国家创造了很多收入。另外，古巴是世界主要产糖国之一，被誉为“世界糖罐”，其糖产量仅次于印度、巴西，居世界第三位。古巴经济长期维持以蔗糖生产为主的发展模式，蔗糖是古巴国民收入的重要来源。古巴的工业以制糖业为主，占世界糖产量的7%以上，是世界第一大糖出口国，人均产糖量居世界首位，目前古巴糖已成为称霸世界的拳头产品。古巴的采矿业是仅次于制糖业的重要经济部门，它的镍储量居世界第三，采矿业以镍开采为主。

古巴的大部分地区属热带雨林气候，仅西南部沿岸背风坡为热带草原气候，年平均气温为25.5℃；除少数地区外，古巴的年降水量为1375毫米。古巴的气候很适宜种甘蔗，其主要农作物是甘蔗，甘蔗的种植面积占全国可耕地的55%。大量的甘蔗为古巴的制糖业提供了重要原料，使古巴成为产糖大国。古巴的其他主要农作物有水稻、烟草、柑橘、柠檬及其他热带水果等。烟草是古巴的传统经济作物，古巴每年都出口大量的烟草制品，其雪茄烟享誉世界，如著名的“哈瓦那雪茄”。畜牧业和家禽饲养业也是农业经济的重要组成部分，自从20世纪70年代以来，古巴的畜牧业和家禽饲养业有了较大发展。另外，古巴四面环海，渔业资源丰富，盛产龙虾、小虾等甲壳动物、软体动物，形成了较发达的渔业。

二、古巴农业合作社的概况

1959年古巴革命胜利后，曾在农村推行过两次土地改革，当时的农业合作组织也进行了两次变革。1959年5月，古巴政府征收了大庄园主的土地，把这些土地征为国有，从而消灭了大庄园制。1963 年 10 月，古巴进行了第二次土改，把个人占有 5 卡（合 67.15 公顷）以上的全部私有土地进行征收。这次土改共征收了两百多万公顷土地，消灭了农村中的富农经济。土改后，古巴建立起了国营农场和集体合作社，并对私人企业实行国有化，以此建立了社会主义经济体制。

第二次土改后，古巴的国有土地占全部土地的 70%，其余为私有小农的土地。古巴农业中国营占 70%，合作社占 18%，个体农民占 12%。政府对小农的态度是帮助他们发展生产，鼓励他们在自愿原则下走合作化道路。古巴小农进行合作的主要形式有两种，一种是初级形式的信贷和服务合作社，另一种是高级形式的农牧业生产合作社。早在 1961 年时，古巴的全国小农协会便已成立。到 1963 年 6 月，全国已有信贷和服务合作社 527 个，社员 46133 名；农牧业生产合作社 328 个，社员 3884 名。

从 20 世纪 90 年代开始，古巴提出了“建设有古巴特色社会主义”的口号，引进市场机制，坚持公有制为主，允许个体经济存在和发展。1993 年，古巴政府决定将国营农场转变为生产合作组织，即农业生产合作社。于是，古巴政府在农村广泛实行家庭承包责任制，并把小国营农场改为自负盈亏的基层合作社单位。改革后，古巴原来属国有的大部分耕地转给了农业合作社或小农户，全国共建立了 5000 多个合作社，合作社耕地面积占 44%，个体农民耕地面积占 40%。

合作社拥有无限期的土地使用权，集体拥有劳动成果，还可以从国家获得贷款，购买农业机械设备和种子、化肥等生产资料。合作社生产出产品后，先满足成员的消费需求，剩下的再卖出去。销售产品取得的收入，首先用于上缴税金和偿还贷款，结余下的收入可以供合作社自己支配，例如用于扩大再生产或为合作社成员修建房子等。由于合作社成员可以根据经营成果来分配收入，而不是像过去那样只从国营农场领死工资，因此社员的生产积极性都较高。目前，古巴农牧业仍为国营农牧场、集体农牧业合作社和小农牧主三种组织形式。

三、古巴农业合作社的案例

（一）瓜那捷区甘蔗合作社

甘蔗是古巴的主要农作物，全国一半以上的耕地用于种植甘蔗。全国共有1000多个甘蔗合作社，甘蔗生产大部分是由国营性质的合作社来进行的，只有少部分甘蔗由集体经营和个人种植。在古巴，平均每100~120个农户可组成一个甘蔗合作社，由合作社向糖厂供应甘蔗原料。古巴的甘蔗合作社由管理委员会领导，委员会的领导人员由糖工业部在各省的派驻机构任命。政府每年给合作社下达种植任务，合作社需向糖厂供应甘蔗原料。古巴甘蔗的72%用机械收割，运输以铁路为主。甘蔗原料运到糖厂后，糖厂用这些原料来生产糖、酒精等产品，这些产品用来销售和出口。

瓜那捷区甘蔗合作社专种甘蔗，位于首都哈瓦那附近，距哈瓦那46公里。这个合作社相当于我国的一个自然村，合作社的名字是以一位革命英雄的名字命名的。瓜那捷区甘蔗合作社现有五百多人，一百多个劳动力，年产甘蔗在2万吨左右。

该合作社专门种植甘蔗，近年来的甘蔗品种不断更新，现在种植的有古巴138、8612、7477，巴巴斯80509等。收割甘蔗时，既有机械收割也有手工收割。目前，合作社有两台收割机，还有48人专门负责手工收割，一天要割1200吨甘蔗，任务很重。收割甘蔗一般由合作社的男士负责，妇女们只负责田间管理和做饭。收获甘蔗后，社员们将甘蔗运到二十多公里外的收购站去销售。人们也自己消费一些生产出的甘蔗，如社区中心有一个小店，专门榨鲜甘蔗汁，味道鲜美甘甜，社员们劳动间歇时都可以到这儿来喝上一杯。整个合作社收入的一半拿出来按劳分配，每个月每人 351 比索，男女相同；剩下的一半用于合作社的积累，用于投入再生产。

社员的住房由合作社统一修建，目前合作社已免费为社员建起六七十套住房，社员住宅规划得整整齐齐。77 岁的迪雅斯是瓜那捷合作社的初创者，他家为三室一厅，后院种有果树，还养着家禽，面积虽不是很大，但比较舒适。迪雅斯说，合作社的每一家还都订有一份《格拉玛报》(古巴共产党中央机关报)。

合作社的福利也搞得不错，为社员开办了两个食堂，社员可以在这里吃饭，一顿饭花 0.5 比索就够了。另外，合作社还分别养了几十头奶牛、猪、羊，一部分供应食堂，一部分卖给社员。卖给社员的牛奶每升 0.2 比索，羊肉 3 比索买 2 斤，猪肉每斤 3 比索，按照当地物价看来，社员购买这些物品都很便宜。合作社还办有医务室，共占两间屋子，有一名医生和一名管理员，社员生小病时，到医务室就诊即可，不用出村，并且医疗都是免费的。医务室的医生每周都有一天要到两公里外的市医院去值班。在哈瓦那甘蔗合作社，社员孩子上学也是免费的。

(二) “阿里德斯·埃斯特韦斯”信贷和服务合作社

“阿里德斯·埃斯特韦斯”信贷和服务合作社位于哈瓦那的市郊地区，哈瓦那的景色很美——蓝天白云下加勒比海一望无际的碧波、满城身躯高大的榕树、开着火红色花朵的木棉树、昂然挺立的国树王棕榈、芳草如茵的绿地，还有绿阴掩映下古色古香的建筑，这一切构成了如诗如画的意境。

“阿里德斯·埃斯特韦斯” 是一个信贷和服务合作社，是农民为了获得政府贷款和配给物资而组建起来的一种初级合作社，用于发展生产。该合作社成立于 1995 年 1 月 11 日，现共有 140

名社员，共有 5 卡瓦耶里亚土地，即 67.15 公顷或 1007.25 亩，合作社现任社长是拉斐尔·波索·阿马特。1995 年合作社刚成立时，社里没有多少资金，当时是大家一起凑了一些钱建起来的。而发展到现在，合作社已有 60 万比索的公积金和 150 万比索的资产。合作社有 26 名党员和 2 名团员，社员大多数是中老年人，青年人不多。

合作社有两个苗圃，主要生产蔬菜、花卉和水果，供哈瓦那的市民消费，合作社在市区设有 60 个销售点。同时，该合作社也生产少量粮食和块根作物，供社员食用。在合作社总部所在地，可以看到一垅垅菜地，种有黄瓜、西红柿、油菜等。合作社向周围的 76 所学校、8 家医院以及托儿所、工厂和居民供应蔬菜，每年大概供应接近 400 万斤蔬菜。

合作社设有社长 1 人、管理员 1 人、经济师 1 人、销售员 1 人。社长没有工资，管理员每月工资为 600 比索，社员平均月收入约 2000 比索。社员的收入各不相同，究竟每个社员挣多少，别人是不知道的。合作社每月召开一次社员代表大会，讨论合作社的一些事务，合作社的领导委员会就是由社员代表大会选举产生的。合作社向社员提供拖拉机和拖拉机手的服务，并以合作社的名义获取政府的低息贷款。

合作社需将总销售额的 5%作为税收交给国家，而社员每年要向国家交纳 20 比索 ~60 比索的税收。此外，社员要将其销售额的 1%交给合作社，作为公积金。有了公积金，合作社能够对一些有困难的社员予以生活上的帮助。

结束语

国外的农业合作社对广大读者来说是比较陌生的，但是在国外，合作社这种经济组织形式也确实在促进农业发展和提高农民收入方面起到了重要的积极作用，要全面详细地介绍它并不是一件容易的事情。由于篇幅的限制，本书只对美国、日本和韩国、欧洲的部分国家和泰国、印度、古巴等部分发展中国家的农业合作社情况进行了简单的叙述，而不能对其他的国家和地区进行介绍，不能不说是一种遗憾。但是我们希望通过对这些有代表意义的农业合作社的介绍，能够让读者朋友对国外的农业合作经济组织有一个比较全面的认识。本书若能起到以上的作用，我们甚感欣慰。由于时间仓促、水平有限，若本书存在谬误的地方还望多多批评指正。

参考文献

[1] Cooperative housing for Rural America. Cooperative Information Report 53 ,March, 1996. United States Department of Agriculture, Rural Business/Cooperative Service.

[2] 2002 CENSUS OF AGRICULTURE United States. Summary and State Data Volume 1, Geographic Area Series Part 51 AC-02-A-51, U.S.Department of Agriculture, Administrator Issued , June 2004.

[3] Agricultural Statistics 2005. United States Department of Agriculture. National Agricultural Statistics Service.

[4] Cooperatives in Agribusiness. Katherine L. Hanson, Education Specialist,Education and Member Relations,Rural Business-Cooperative Service,U.S. Department of Agriculture. Cooperative Information Report 5 ,March, 2002.

[5] Agricultural Cooperatives in the 21st Century. United States Department of Agriculture,Rural Business Cooperative Service,Cooperative Information Report 60 November 2002 .

[6] Cooperatives: What They Are and the Role of Members, Directors, Managers, and Employees. United States Department of Agriculture,Rural Business - Cooperative Service RBS, Cooperative Information Report 11.

[7] Farm Marketing, Supply and Service Cooperative Historical Statistics. United States Department of Agriculture,Cooperative

Information Report 1 Section 26.

[8] Shared—Services Cooperatives. United States Department of Agriculture, Rural Business — Cooperative Service.

[9] Cooperative Supply and Equipment Operations. farmer cooperatives in the United States cooperative information report 1 section 20, United States Department of Agriculture.

[10] Cooperative Feed and Animal Health Operations. Farmer Coop eratives in the United States, Cooper ative Information Report 1 , Section 21 , United States Department of Agriculture.

[11] Cooperative Agrichemical and Seed Operations. Farmer Cooper atives in the United States, Cooperative Information Report 1 section 22, United States Department of Agriculture. Agricultural Cooperative Service.

[12] Cooperatives in International Trade. Farmer Cooperatives in the United States Cooperative Information ,Report 1, Section 27, United States Department of Agriculture Rural Development Rural Business—Cooperation Service.

[13] Livestock and Wool Cooperatives. Farmer Cooperatives in the United States, Cooperative Information Report 1 Section 14, US Depart ment of Agriculture Eco nomics, Statistics, And Cooperatives Service.

[14] Cotton Cooperatives. Farmer Cooperatives in the United States, Cooperative Information Report 1 , Section 18 , United States Department of Agriculture. Agricultural Cooperative Service.

[15] 毕美家，管爱国. 亚洲农村合作社经济. 中国商业出版社,1991.

[16] 杜吟棠主编. 合作社:农业中的现代企业制度,江西人民出版社,2002.

[17] 凡实. 丹麦的屠宰合作社. 中国牧业通讯,2005(10).

[18] 国鲁来. 德国合作社制度的主要特点. 中国农村经济,1995.

[19] 韩迅,李俊德. 法国现代合作经济组织的考察与思考. 中国供销合作经济,2003(12).

[20] 黄步军. 印度合作社:广泛社会基础和庞大系统网络.

[21] 胡定寰. 日本一级农协经营特征——以鸟取县东伯町为例. 科学决策,2002(11).

[22] 江苏省无锡市委农村工作办公室. 国外农民合作经济组织的发展与启示.

[23] 李先德. 居马:法国农业合作社的一种独特形式. 世界农业,1999(1).

[24] 刘文璞,等. 芬兰的农民组织和农业合作组织. 中国农村经济,1996.

[25] 吴干冰, 陈本新. 日本、韩国农产品批发市场考察报告. 浙江树人大学学报,2005(5).

[26] 邢敏. 论股份合作制企业的性质. 经济体制改革,1999(4).

[27] 徐世澄. 古巴哈瓦那市郊合作社访问记—访古笔记之二.

[28] 俞家宝等. 农村合作经济与管理. 人民出版社,1995.

[29] 张恒杰. 世界合作集体经济现状及发展趋势, 国家发改委专项课题报告.

[30] 章政. 现代日本农协,中国农业出版社,1997.

[31] 中华全国供销合作总社赴加拿大、挪威考察团.加拿大、挪威合作社考察报告.中国合作经济,2005(10).